Holger Weber

Erstellung einer Webplattform für kooperative Überwachung sicherheitstechnischer Bereiche

GRIN Verlag

Bibliografische Information der Deutschen Nationalbibliothek:

Die Deutsche Bibliothek verzeichnet diese Publikation in der Deutschen National-
bibliografie; detaillierte bibliografische Daten sind im Internet über http://dnb.d-
nb.de/ abrufbar.

Impressum:

Copyright © 2010 GRIN Verlag, Open Publishing GmbH
Druck und Bindung: Books on Demand GmbH, Norderstedt Germany
ISBN: 978-3-640-76421-1

Dieses Buch bei GRIN:

http://www.grin.com/de/e-book/162151/erstellung-einer-webplattform-fuer-
kooperative-ueberwachung-sicherheitstechnischer

Erstellung einer Webplattform für kooperative Überwachung sicherheitstechnischer Bereiche

Master of Computer Science
Abschlussarbeit

FernUniversität in Hagen, Fachbereich Mathematik und Informatik

Lehrgebiet Rechnerarchitektur

Holger Weber

Hennef, August 2010

Abkürzungsverzeichnis

AJAX	Asynchronous JavaScript and XML
API	application programming interface
BDSG	Bundesdatenschutzgesetz
BGB	Bürgerliches Gesetzbuch
BGH	Bundesgerichtshof
BSI	Bundesamt für Sicherheit in der Informationstechnik
CSS	Cascading Stylesheets
DHTML	Dynamisches HTML
EG	Europäische Gemeinschaft
EU	Europäische Union
EuGH	Europäischer Gerichtshof
ftp	File Transfer Protokol
GG	Grundgesetz
GIF	Graphics Interchange Format
GUI	Graphical User Interface
HTML	Hypertext Markup Language
http	Hypertext Transfer Protocol
IE	Internet Explorer
IP	Internetprotokoll
JDBC	Java Database Connection
JPEG	Joint Photographic Experts Group
PNG	Portable Network Graphics
smtp	Simple Mail Transfer Protocol
StGB	Strafgesetzbuch
TCP	Transmission Control Protocol
TKG	Telekommunikationsgesetz
URL	Uniform Resource Locator
UWG	Gesetz gegen den unlauteren Wettbewerb
VSFTPD	Very Secure FTP Daemon
WebCam	Kamera die Bilder ins Internet überträgt
XML	eXtensible Markup Language
YUI	Yahoo User Interface

Abbildungsverzeichnis

Inhalt

1 Einleitung

Die Videoüberwachung im öffentlichen Raum nimmt zurzeit verstärkt zu, hierbei sind Fälle wie der von Dominik Brunner[1] die verstärkt zur Überwachung aufrufen. Es ist nicht davon auszugehen, dass der Fall Brunner in Deutschland im gleichen Ausmaß die Verbreitung der Videoüberwachung vorantreibt wie in England der Fall James Bulger[2]. Solche extremen Vorfälle erhöhen die öffentliche Akzeptanz für Videoüberwachung. Auf staatlicher Seite haben die Terroranschläge vom 11. September 2001 auf New York und Washington D.C. die internen Sicherheitsmaßnahmen erhöht und in diesem Zuge auch die staatliche Videoüberwachung. Die Aufnahme der U-Bahn Attentäter vom 07. Juli 2005 aus London konnte den Anschlag aber nicht verhindern, da sie erst Tage später bei der Auswertung aller Kameras[3] gesichtet wurde.

Abbildung 1: Aufnahme der Attentäter vom 07. Juli 2005 in London [1 S. 54]

Wie bei allen anderen Fällen auch vereiteln Kameras nicht die Tat, sondern helfen bei der Ermittlung der Täter.

1.1 Motivation

Bei der Vielzahl an privaten und öffentlichen Kameras ist eine ständige Präsenzüberwachung nicht möglich. Diese Situation wird schwieriger je mehr Kameras installiert werden. In Überwachungsräumen beobachtet eine Personen meistens mehrere Kameras,

---

[1] Verstarb am 12.09.2009 in Folge einer gewalttätigen Auseinandersetzung mit zwei Jugendlichen am Münchner S-Bahnhof Solln

[2] wurde am 12.02.1993 im Alter von fast 3 Jahren von zwei 10-Jährigen ermordet, wobei die vorherige Entführung von einer privaten Überwachungskamera aufgezeichnet wurde.

[3] Am Londoner Bahnhof gibt es ca. 6000 Kameras

die auf verschiedenen Monitoren oder verkleinert auf einem Monitor dargestellt werden. So ist es für die Person zum Teil schwierig, alle Situationen zu erfassen. Da die Anzahl der Vorkommnisse meistens nicht sehr hoch ist, besteht die Gefahr, dass Langeweile beim Beobachter auftritt. Mit der Hilfe eines modernen kooperativen Webportals und der möglichen Hilfe von Millionen Internetnutzern könnte man die Situation langfristig verbessern.

1.2 Zielsetzung

Das Ziel dieser Arbeit besteht in der Entwicklung eines Webportal-Prototyps, der Internetnutzern die Möglichkeit gibt, kooperativ Situationen auf Kameras zu erkennen und diese zu melden. Im weiteren Verlauf dieser Arbeit wird der Prototyp auch des Öfteren ISeeSo genannt. Hierbei ist darauf zu achten, dass nicht ein Nutzer alleine Alarm auslösen sollte, sondern dass hierzu verschiedene Nutzer die Situation in einem festgelegten Zeitfenster melden müssen. Dies dient dem Schutz vor Missbrauch und Fehlinterpretation durch den Nutzer, somit sollte die Qualität der gemeldeten Vorfälle deutlich höher ausfallen, als wenn eine einzelne Person einen Vorfall alleine melden könnte. Hierzu werden dem Nutzer Bilder einer zufällig ausgewählten aktiven Kamera angeboten. Der Prototyp wird als weitere Option die Möglichkeit von geschlossen Benutzergruppen für eine Kamera bieten. Diese Option dient dazu, einer Gruppe von Personen die Möglichkeit zu geben, einen Vorfall direkt zu melden. Für jede WebCam stehen beide Möglichkeiten zur Verfügung und der Besitzer kann wählen, ob er eine der beiden Möglichkeiten alleine wählt oder beide kombinieren möchte. Somit kann der Prototyp das Prinzip der kooperativen Überwachung mit Hilfe von Internetnutzern testen und gleichzeitig ausgewählten Personen die Option geben, Vorfälle direkt zu melden. Eine Zielgruppe für die Nutzer wird nicht festgelegt, beiden genannten Funktionen können sowohl von private sowie geschäftliche Personen benutzt werden.

2 Aufbau des Prototyps

In diesem Kapitel wird das zu erstellende Portal IseeSo vorgestellt. Zuerst werden die zu realisierenden Konzepte und die Funktion beschrieben und im Anschluss daran erfolgt eine Abgrenzung des Umfanges der Arbeiten. In diesem Abschnitt wird auch ein Vergleich zu bestehenden Produkten vorgenommen. Anschließend wird der geplante Ablauf der Entwicklung beschrieben.

2.1 Zu realisierende Konzepte

Nachfolgend sind die wichtigen Konzepte von ISeeSo kurz dargestellt. Diese werden dann bei den zu implementierenden Funktionen mit berücksichtigt.

2.1.1 Verwaltung der Benutzer

Es gibt zwei Arten von Benutzern. Die Viewer, die Konsumenten des Angebots sind und die Provider, die die Bilder der Webcam zu Verfügung stellen. Jeder Benutzer kann zugleich Viewer und Provider sein. Der Benutzer in der Funktion des Providers kann mehrere Webcams für seinen Account registrieren und bekommt für jede einen eigenen FTP[4]-Benutzer für die WebCam. Die FTP-Benutzerdaten werden in der WebCam oder einer entsprechenden Software hinterlegt, damit automatisch Bilder an den Server von der Kamera übertragen werden können. Bei der Registrierung der Webcam legt der Provider fest, ob die Bilder allen Besuchern des Portals zur Verfügung stehen sollen oder nur einem eingeschränkten Benutzerkreis (siehe Unterabschnitt 2.1.4).

2.1.2 Qualitätssicherung mittels durch Fakebilder

Um den Anreiz für Nutzer des Portals zu erhöhen, sich die Bilder der WebCams anzusehen, gibt es je angezeigter WebCam eine Chance, dass ein Fakebild zwischen den Bildern der WebCam eingebaut ist. Dies gilt nur für Bilder, die von Kameras über den Menüpunkt OpenCam (siehe Abschnitt 2.2) aufgerufen werden. Hierbei gibt es verschiedene Fakebilder, welche bei korrekter Meldung eine unterschiedliche Anzahl von Punkten geben. Bei richtigem Erkennen eines Fakebildes werden dem Nutzer die zugehörigen Punkte des Fakebildes gut geschrieben. Über die Highscorelisten können die vergebenen Punkte verglichen werden.

---

[4] File Transfer Protokoll

2.1.3 Verbesserung der Sicherheit durch AustauschID

Zur Erhöhung der Sicherheit wird das Hinzufügen von Nutzern zu Benutzergruppen mit einer extra generierten ID realisiert, der AustauschID. Hierbei wird diese dem Besitzer der Kamera via eMail zur Verfügung gestellt und dieser kann hiermit den Inhaber der ID zur Benutzergruppe der WebCam hinzufügen. Mit der in der eMail stehenden AustauschID kann ein Benutzer nur zu einer Benutzergruppe hinzugefügt werden, es werden keine Informationen die den Viewer identifizieren könnten übertragen. Hinterher wird zur einfacheren Identifizierung der Nickname des Nutzers angezeigt. Jedoch verliert die ID nicht ihre Funktion und dient als Zuordnung der WebCam zu den Nutzern der Gruppe. Wenn der Nutzer eine neue ID generiert, verliert er automatisch alle Mitgliedschaften in allen Benutzergruppen.

2.1.4 Benutzergruppen für jede WebCam

Es besteht für jede Kamera die Möglichkeit eine Benutzergruppe anzulegen, hierbei werden neue Mitglieder mit einer AustauschID hinzugefügt. Der Provider der WebCam ist immer Mitglied der Gruppe, kann aber zusätzlich auch über die die eigene AustauschID hinzugefügt werden. Diese Option erlaubt es Providern das Prinzip der AustauschID zu testen. In der Ansicht der Benutzergruppe für den Provider werden die Nicknamen der Benutzer. Jedes Mitglied der Benutzergruppen kann sich alle WebCams anzeigen lassen, in deren Benutzergruppe es Mitglied ist. Hierzu werden die WebCams in einer Übersichtsliste angezeigt, zu jeder Kamera wird der Aktivitätsstatus dargestellt. Mit der Auswahl einer aktiven Kamera werden die Bilder der gewählten Kamera angezeigt und können gemeldet werden. In der Übersichtsliste der WebCams hat der Nutzer die Möglichkeit, die Benutzergruppe zu verlassen. Für Provider der WebCam wird diese Option nicht angezeigt, sie können sich nur in der Verwaltung der Kamera aus der Liste der Viewer löschen.

2.1.5 Melden von Bildern

Meldet ein Viewer eine Handlung und ist das Bild kein Fakebild, so werden alle Bilder der Kamera gesichert und die Kamera auf die Liste gemeldeter WebCams gesetzt. Jede registrierte Kamera hat zwei Parameter, *Anzahl der Nutzer die melden müssen* und *Zeitraum in dem diese Nutzer melden müssen*. Der Provider wird mit einer eMail informiert, wenn die WebCam innerhalb des Zeitfensters von der gewünschten Anzahl an Viewern gemeldet wird. Die eMail enthält das vom letzten Viewer gemeldete Bild als Anhang, zu beachten ist auch, dass die Benutzergruppen-Kameras (groupCams) die Parameter nicht beachten und den Provider sofort informieren. Bei nicht groupCams (openCams) wird eine gemeldete

Kamera immer Viewern als nächstes angezeigt, die eine neue WebCam anfordern, sollte dieser Viewer die Kamera noch nicht beobachtet haben. Das vom Nutzer gemeldete Bild und die WebCam werden gespeichert, so können die Personen die geholfen haben, identifiziert werden und in der Zukunft vom Provider belohnt[5] werden. Meldet ein Mitglied einer Benutzergruppe eine Bild einer Kamera, wird der Vorfall direkt an den Provider gemeldet. Es wird in diesem Fall davon ausgegangen, dass ein Vertrauensverhältnis zwischen Provider und Mitgliedern der Gruppe existiert.

2.2 Zu realisierende Funktionen

Die meisten Funktionen von ISeeSo stehen nur registrierten und angemeldeten Nutzern zur Verfügung. Bei der Registrierung werden Benutzerdaten erfasst, wobei nur Benutzername, Passwort, Nickname und eMaildaresse Pflichtangaben sind. Der Benutzer ist erst nach der Verifizierung seiner eMailadresse aktiviert und kann alle Funktionen nutzen. Zu diesem Zweck wird dem Benutzer eine eMail mit einem Link auf eine Uniform Resource Locator (URL) zugesendet, welche zur Aktivierung aufgerufen wird.

Abbildung 2: ISeeSo Menüpunkt Benutzerdaten

Wenn ein Benutzer sich anmeldet und der Client die Bestätigung des Servers erhält, dass ein verifizierter Benutzer sich korrekt angemeldet hat, wird dem Nutzer das vollständige Menü angezeigt (Abbildung 2 Zeigt den Menüpunkt Benutzerdaten). Zu den Funktionen anmelden, abmelden und registrieren kommen die Funktionen der einzelnen Menüpunkte. Diese sind:

- Ranking

  Darstellung der Punkte für richtig gemeldete Bilder.
- WebCams

  - openCams

    Mit openCams werden die Bilder der nächsten Kamera aufgerufen und angezeigt. Dies bedeutet, dass zuerst überprüft wird, ob eine gemeldete WebCam (siehe Unterabschnitt 2.1.5) existiert. Wenn ja, wird diese angezeigt andernfalls eine zufällige aktive WebCam, welche vom Provider für alle Benutzer freigegeben wurde.

---

[5] Ein Belohnungssystem wird im Rahmen dieser Arbeit noch nicht realisiert.

    ○ groupCams

        Anzeige der für den Nutzer möglichen Benutzergruppen-Kameras mit Status, ob die WebCam aktiv ist oder nicht.

- Benutzerdaten

    ○ Verwalten der Benutzerdaten

    ○ Hinzufügen und Ändern einer eigenen WebCam

        Von dem Nutzer wird als Provider gesprochen, wenn es um die Funktionalität der eigenen WebCam geht

    ○ AustauschID

        Versenden der AustauschID und generieren einer neuen ID[6]

Zu diesen Funktionen kommen Aufräumarbeiten, die in regelmäßigen Abständen ausgeführt werden. Diese Aufräumarbeiten sind notwendig, da die Bilddaten von WebCams sehr viel Speicherplatz benötigen. Der Speicherplatzbedarf kommt dadurch zustande, dass eine aktive WebCam in regelmäßigen Abständen Bilder[7] an den Server überträgt, wobei die Abstände vom Provider gewählt werden können und meistens nur wenige Sekunden lang sind. Nachfolgend werden wichtige Funktionen des Portals vertiefend dargestellt.

2.2.1 Erfassung aktiver WebCams

Die WebCams übertragen die Bilder im JPEG[8]-Format mittels des FTP-Protokolls an den Webserver. Hierzu wird für jede Kamera ein eineindeutiger FTP- Benutzer und ein Passwort generiert. Für den FTP-Benutzer wird ein Verzeichnis im FTP-Rootverzeichnis angelegt, das wie der FTP-Benutzer genannt wird. So sind Kamera und übertragende Bilder zuordnungsfähig. Durch dieses Verfahren ist es möglich, auch in der Zukunft andere Verfahren als FTP zur Übertragung von Bildern anzubieten. Das neue Verfahren muss nur die Bilder in das Verzeichnis der entsprechenden Kamera übertragen. Um zu erkennen, ob eine Kamera aktiv ist, überprüft ein Programm in regelmäßigen Abständen, ob es Veränderungen in den Unterverzeichnissen des FTP-Roots gibt. Dies sind die Verzeichnisse, der einzelnen FTP-Benutzer, in die die WebCams die Bilder übertragen. Der Zeitstempel des Bildes welches als letztes hinzugefügt wurde, wird in einer Datenbanktabelle bei der zugehörigen WebCam aktualisiert (siehe UML-Ablaufplan in Abbildung 3).

---

[6] Und somit löschen aller Zuordnungen
[7] Ca. 300 KByte je Bild
[8] Joint Photographic Experts Group (JPEG)

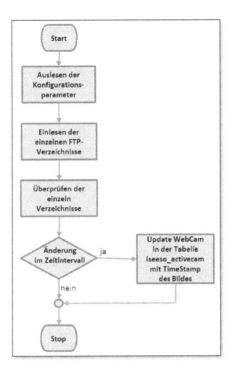

Abbildung 3: Ablauf der Erfassung der aktiven WebCams

2.2.2 Melden von Bildern

Die Nutzer haben die Möglichkeit, einzelne Bilder einer Bilderserie einer WebCam zu melden (siehe Abbildung 4). Hierbei müssen zwei Fälle unterschieden werden, entweder wird ein Fakebild oder ein von einer Kamera geliefertes Bild gemeldet. Fakebilder werden mit einer prozentualen Chance in eine Bilderserie eingebaut. Dies dient dazu, den Anreiz zu erhöhen, da diese Bilder Punkte fürs Ranking geben. Wird ein von einer Kamera geliefertes Bild gemeldet, so wird die Kamera in eine Tabelle eingetragen (eine in dieser Tabelle eingetragene Kamera wird im weiteren Verlauf als reportCam bezeichnet). Wenn ein Viewer eine neue Bilderserie einer openCam anfordert, werden zuerst Kameras aus dieser Tabelle ausgewählt, wenn sie diesem Benutzer bisher noch nicht zugeteilt wurde. Sollte in der vom Provider vorgegeben Zeit eine vorgegeben Anzahl an Nutzern Bilder der WebCam melden, wird der Benutzer sofort per eMail informiert. Die Bilder dieser Kamera werden beim ersten Melden eines Vorfalles durch das zuständige Programm gesichert, damit sie nicht durch die Aufräumarbeiten gelöscht werden.

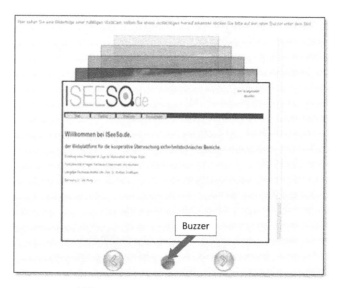

Abbildung 4: ISeeSo anzeigen einer openCam mit Fakebild

2.3 Einschränkung zum Umfang der Thesis

Das Ziel der Masterthesis ist die Entwicklung des Webportal-Prototypen ISeeSo. Der Umfang des Prototyps ist durch den gegebenen Zeitrahmen von drei Monaten begrenzt, so dass nicht alle Bereiche komplett implementiert werden können. Diese Bereiche sind:

- Design und Inhalt
  ohne Kenntnis der Zielgruppe ist ein Zielgruppen angepasstes Design nicht möglich, des Weiteren wäre hier der Einsatz von Grafik- oder Mediendesignern zu empfehlen.

- Konzept
  wegen der datenschutzrechtlichen möglichen Probleme sollte das Konzept juristisch überprüft werden, um die Probleme zu vermeiden. Das Angebot von Internet Eyes wurde von der Britischen Datenschutzbehörde gestoppt (siehe auch Abschnitt 2.4)

- Testbetrieb
  Ein umfangreicher Testbetrieb zur Funktionsprüfung ist im zeitlichen Rahmen nicht möglich, somit werden nur Funktionstests bei der Entwicklung durchgeführt.

- Serversicherheit

  Der Server wird für die Entwicklung genutzt, somit ist er für den Produktiv- oder Testbetrieb nicht geeignet. Für den Produktiv- und Testbetrieb müssten die nachfolgenden Dienste und Funktionalitäten wie beschrieben implementiert oder modifiziert werden.

  o Firewall: Installation und Konfiguration

  o Apache: Überprüfung der Konfiguration auf sicherheitstechnische Aspekte

  o Tomcat: Überprüfung der Konfiguration auf sicherheitstechnische Aspekte

  o mySQL: Überprüfung der Konfiguration auf sicherheitstechnische Aspekte und der Zugriff auf den Localhost begrenzen

  o phpmyAdmin deinstallieren

  o VSFTPD: Überprüfung der Konfiguration auf sicherheitstechnische Aspekte

  o Installieren eines Zertifikates einer anerkannten Zertifizierungsstelle

  o Erstellen eines Backupkonzeptes und Implementation des Konzeptes

2.4 Abgrenzung zu anderen Produkten

Zur Abgrenzung des Konzepts werden zwei Webportale, Internet Eyes und Crimestoppers mit einem ähnlichen Anliegen kurz erläutert.

Das englische Webportal Internet Eyes wollte registrierten Nutzern Zugang zu Livebildern (Videostream) von Überwachungskameras der Kleinstadt Stratford-upon-Avon[9] bieten. Nicht jeder konnte sich registrieren, die Nutzer waren durch zwei Kriterien eingeschränkt. Die Person musste mindestens 18 Jahre alt und in der Europäischen Union (EU) wohnhaft sein. Der Nutzer sollte hierbei vier zufällige Kameras zugewiesen bekommen. Hierbei würde jeder Feed einer Kamera alle 20 Minuten geändert, wobei die Kameras um fünf Minuten versetzt wären. Hierbei gibt es zwei Arten von Nutzern, Provider und Consumer.

Der Provider stellt eine oder mehrere WebCams, wobei hier gezielt Geschäftskunden angesprochen werden, zur Überwachung von Verkaufsflächen. Es wird den Geschäftskunden durch die Nutzung von Internet Eyes eine Senkung der Ladendiebstahlsrate versprochen. Das Anzeigenlassen der Kamerafeeds sollte den Geschäftskunden 20 £ im Monat kosten. Der zweite Nutzertyp ist der Consumer, welcher Punkte für richtige Meldungen von kriminellen Handlungen an den Provider meldet. Hierbei werden Punkte vergeben:

---

[9] http://www.stratford-upon-avon.co.uk/

- 0 Punkte bei Falschmeldung

- 1 Punkt bei Meldung in guter Absicht, bei der die Handlung im Nachhinein als nicht kriminelle Handlung verifiziert wurde. Internet Eyes macht keine Angabe zu der verifizierenden Stelle oder Person.

- 3 Punkte wenn eine kriminelle Handlung gemeldet wurde

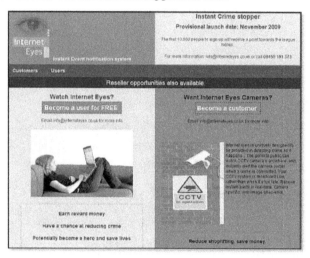

Abbildung 5: Startseite Internet Eyes [2]

Hierbei darf der Consumer fünf Meldungen im Monat abgeben. Je richtiger gemeldeter krimineller Handlung, erhöht werden steigt die zulässige Anzahl um eine weitere Meldung. Der Consumer mit den meisten Punkten im Monat bekommt 1000 £ [3].

Die Britische Datenschutzbehörde (Information Commissioner's Office) hat das Angebot gestoppt, da es nicht mit dem britischen Recht vereinbar ist. Hierbei ist das Hauptproblem, dass Bilder von identifizierbaren Personen (zu Unterhaltungszwecken) offengelegt und im Internet zugänglich gemacht werden [4].

Crimestoppers UK ist eine Unterorganisation von Crimestoppers International, welche in den USA und Australien weit verbreitet ist. Crimestoppers arbeitet ähnlich der bekannten Fernsehsendung Aktenzeichen XY, das Ziel ist es Verbrechen in Zusammenarbeit mit der Polizei aufzuklären. Hierzu könne Informationen telefonisch oder über ein Webformular weitergereicht werden.[10]

---

[10] http://www.crimestoppers-uk.org/

Abbildung 6: Startseite von Crimestoppers UK

Das Portal Crimestoppers hat wenig mit der direkten Funktionalität von ISeeSo zu tun, ein interessanter Aspekt ist aber die direkte Zusammenarbeit mit der Polizei. Dieser Aspekt könnte in der Zukunft von ISeeSo eine Rolle spielen, denn ISeeSo bietet die Möglichkeit einer zeitnahen Unterstützung der Polizei. Hingegen ist Internet Eyes in der Grundfunktionalität sehr ähnlich zu ISeeSo und hier zeigt sich die Problematik des Datenschutzes. Dass viele Zeitungen, Blogs und Internetportale Internet Eyes als Onlinespiel oder Hobbydetektiv spielen bezeichnen ist kontraproduktiv zu einem seriösen Auftritt. Ein gravierender Unterschied zwischen ISeeSo und Internet Eyes ist, dass ISeeSo eine vom Provider der WebCam definierte Anzahl an Viewern in einen Zeitintervall benötigt, um einen Vorfall zu melden. Somit kann der der Provider die Qualität der Meldung individuell den persönlichen Anforderungen entsprechend einstellen.

2.5 Ablauf der Entwicklung

Für den Prototyp wurde die Domäne iseeso.de registriert und ein VServer angemietet. Auf diesem Server wird eine Installation für Testzwecke zu Verfügung gestellt. Als erster Schritt bei der Entwicklung wird ein eingeschränkt funktionsfähiger Client Prototyp entwickelt. Eingeschränkt funktionsfähig bezieht sich darauf, dass alle Funktionen etwas darstellen, dies aber nur simulieren, da keine Serverkommunikation stattfindet. Dies wird erreicht, indem Daten in JavaScript Objekten hinterlegt werden. Das Ziel dieses ersten Prototyps ist es, festzustellen ob alle Funktionen der Anforderung richtig verstanden wurden. Da dieser Prototyp sehr schnell realisiert werden kann und so die Kommunikation erleichtert, sind Fehler frühzeitig erkennbar und mit geringerem Aufwand behebbar.

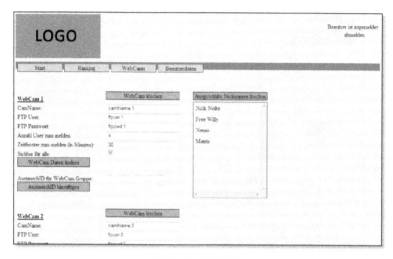

Abbildung 7: erster Prototyp

Um den Entwicklungsaufwand zu reduzieren wurde dieser Prototyp so programmiert, dass hinterher nur die Serverdummy-Funktionalität durch die die echte Kommunikation ersetzt werden muss.

Nach eingehender Überprüfung ob der Prototyp alle Funktionalitäten enthält, wurde mit der Entwicklung der Servlets begonnen. Bei der Entwicklung der einzelnen Servlets wird der erste Prototyp sukzessive mit angepasst und die Dummy-Funktionalität durch die echte Datenkommunikation ersetzt.

Hierzu wird zuerst das Datenkonzept entwickelt und die Tabellen in der Datenbank angelegt. Im Anschluss werden die Funktionalitäten

- Registrierung

- Anmelden

- Abmelden

- Benutzerdaten ändern

- Austausch ID

- und anlegen/ändern einer eigenen WebCam

implementiert. Die letzten Funktionalitäten werden mit den Cronjobs/Dienste parallel entwickelt. Hierbei ist der Cronjob zur Erfassung aktiver WebCams (Ablaufplan siehe Abbildung 3) wichtig für die Funktionen zur Anzeige der aktiven WebCams der Gruppe und zur Auswahl einer openCam.

Abbildung 8: neues Logo von ISeeSo.de[11]

Parallel zur Implementierung der Funktionen werden das Farbschema und die Schriftart des Prototyps geändert und dem neuen Logo für iseeso.de angepasst. Als Farbschema wurde Blau ausgewählt, da Blau Seriosität vermittelt.

---

[11] freundlicherweise zu Verfügung gestellt von Dipl. Grafik- & Kommunikations-Designerin Jaqueline Rosenbaum

3 Grundlagen zur Erstellung eines Webportals

Bei der Erstellung eines Webportals sind drei Bereiche (Datenschutz, Sicherheit und Webdesign) bei der Planung grundsätzlich zu beachten. Der Bereich Webdesign beschäftigt sich mit dem Aufbau der Webseite unter useability-Aspekten, wobei gesetzliche Vorgaben in den Bereichen Sicherheit und Datenschutz zu beachten sind. Das Bundesministerium der Justiz stellt in Zusammenarbeit mit der juris GmbH nahezu das gesamte Bundesrecht kostenlos im Internet zu Verfügung[12].

3.1 Datenschutzrechtliche Bestimmungen

Der Datenschutz ist in Deutschland durch mehrere Gesetze auf Bundes- wie auf Landesebene geregelt, hinzukommen weitere Regelungen auf der Ebene der EU. Somit ist es nicht einfach, Rechtssicherheit in allen Belangen zu erhalten. Zuerst einen kurzen Überblick über die wichtigsten Gesetze, Rechte und Regelungen in Deutschland:

- Das Recht auf Informationelle Selbstbestimmung ist in Deutschland nicht explizit im Grundgesetz verankert, wurde aber 1983 vom Bundesverfassungsgericht als Grundrecht anerkannt [5]. Im europäischen Recht wird dieses Recht durch Art. 8 der Europäischen Menschenrechtskonvention (Recht auf Privatheit) und Art. 8 der Grundrechte-Charta der EU (Recht auf Schutz persönlicher Daten) geschützt. [6]

- Die rechtlichen Rahmenbedingungen für Telemedien werden durch das Telemediengesetz geregelt

- Die Richtlinie 2002/58/EG (Datenschutzrichtlinie für elektronische Kommunikation) der EU wurde in Deutschland durch das Telekommunikationsgesetz (TKG) umgesetzt.

- Das Bundesdatenschutzgesetz (BDSG) regelt den Umgang mit personenbezogenen Daten.

Bei ISeeSo sind für die zwei Bereiche WebCams und WebSite die juristischen Grundlagen zu erarbeiten, dies kann im Rahmen dieser Thesis nur in Grundzügen geschehen und sollte vor einer kommerziellen Nutzung juristisch geprüft werden.

---

[12] www.gesetze-im-internet.de

3.1.1 Die Bilder einer WebCam betreffend

Die Bilder einer WebCam sind eine technische Form der Datenerhebung und somit muss man zwischen dem Besitzer/Betreiber der Kamera und dem Betreiber des Webportals unterscheiden. Nach dem deutschen Datenschutzgesetz ist der Besitzer der WebCam nach §3 Abs. 3 BSDG (Erheben der Daten) und der Betreiber des Portals nach §3 Abs. 4 BSDG (Verarbeiten der Daten) betroffen. Es ist zu beachten, dass grundsätzlich der Sitz der verantwortlichen Stelle maßgeblich für das nationale Recht ist (Sitzprinzip)[13], d.h. das Datenschutzgesetz des Landes z.b. des Firmensitzes der Webportalbetreiber.

Die Bilder einer WebCam können somit in die Rechte Dritter eingreifen, diese sind insbesondere:

- Verletzung von Eigentumsrechten durch das Veröffentlichen von Bildern des Eigentums ohne Einverständniserklärung des Besitzers.[14]

- Verletzung des Urheberrechts bei der Darstellung von Kunstwerken und Personen[15]

- Eingriff in die Rechte des Gewerbebetriebes durch Ausspähung von Betriebs- und Geschäftsgeheimnissen[16]

- Verletzung des Persönlichkeitsrechts von Menschen durch das Erstellen von Bildern derselben[17]

Nachfolgend wird nur die Verletzung des Persönlichkeitsrechts genauer betrachtet, hierzu müssen auf den Bildern der WebCam personenbezogene oder personenbeziehbare Daten enthalten sein. So mit dürfen die abgebildeten Personen nicht identifizierbar sein, d.h. weder durch Körpermerkmale (z.B. Gesicht, Haltung) noch durch andere Kennzeichen (z.B. Autokennzeichen). Es ist in diesem Falle unerheblich ob die Person identifiziert wird oder nicht. Das Maskieren von z.B. Körpermerkmalen vor der Veröffentlichung der Bilder würde die erfassten Personen nichtbestimmbar machen und somit würde kein Rechtsschutz bestehen [6].

Zu beachten ist auch §6b BDSG, der sich mit der Beobachtung von öffentlich zugänglichen Räumen durch Kameras beschäftigt. Hierbei ist die Videoüberwachung *„nur zulässig, soweit sie*

---

[13] Richtlinie 95/46/EG Artikel 4 Anwendbares einzelstaatliches Recht
[14] §903 BGB Befugnisse des Eigentümers
[15] Gesetz betreffend das Urheberrecht an Werken der bildenden Künste und der Photographie (KunstUrhG) z.B. §22 KunstUrhG
[16] §§ 203f Strafgesetzbuch (StGB) und §§ 17f Gesetz gegen den unlauteren Wettbewerb (UWG)
[17] allgemeine Persönlichkeitsrecht nach Art. 2 Abs. 1 i.V.m. Art. 1 Abs. 1 GG

- *zur Aufgabenerfüllung öffentlicher Stellen,*

- *zur Wahrnehmung des Hausrechts oder*

- *zur Wahrung berechtigter Interessen für konkret festgelegte Zwecke*

erforderlich ist und keine Anhaltspunkte bestehen, dass schutzwürdige Interessen der Betroffenen überwiegen."[18] Wichtig hierbei ist, dass die Regelung sich nicht auf den Standort der WebCam bezieht, sondern Anwendung findet, wenn öffentliche Räume[19] beobachtet werden können. Auf private Wohnungen und nicht für den öffentlichen Verkehr bestimmte Betriebsräume ist somit §6b nicht anwendbar. Hingegen ist bei Betriebsräumen der Arbeitnehmerdatenschutz[20] zu beachten.

Abbildung 9: Beispiel für die Kennzeichnungspflicht nach §6b Abs. 2 BDSG [7]

3.1.2   die WebSite im Allgemeinen betreffen

Zu den datenschutzrechtlichen Aspekten, welche sich durch das Darstellen von Bildern einer WebCam ergeben, kommen die Auflagen für das Betreiben einer Webseite und die Erfassung von Daten.

Nach dem Telemediengesetz (TMG) sind geschäftsmäßige Dienstanbieter verpflichtet, Informationen über sich selber anzubieten (Impressumspflicht)[21]. Diese müssen leicht erreichbar sein und alle vom Gesetz geforderten Angaben enthalten. Zu beachten ist hierbei, dass neben der eMail-Adresse eine zweite unmittelbare elektronische Kommunikation angeboten werden muss[22].

Der Anbieter des Dienstes ist verpflichtet, den Nutzer über Erhebung und Verwendung (Art,

---

[18] §6b Abs. 1 BDSG
[19] Die Räume dürfen von unbestimmten Personen genutzt und betreten werden
[20] §32 BDSG
[21] §5 TMG Allgemeine Informationspflichten
[22] BGH (I ZR 190/04) nach Beschluss des EuGH ist die Telefonnummer keine verpflichtende Angabe wenn eine andere unmittelbare elektronische Kommunikation angeboten wird (z.B. Fax)

Umfang und Zweck) von personenbezogenen Daten[23] zu informieren. Dieser ist bei der Erhebung der Daten über die Verwendung zu informieren. Der Nutzer muss jederzeit die Informationen über den Verwendungszweck der Daten abrufen können. Es ist eine Einwilligung des Nutzers bei der Erhebung personengebundener Daten nötig[24]. Diese ist am einfachsten mit einer Datenschutzerklärung, welche auf der Formularseite angeboten wird, zu erreichen. Eine explizite Einwilligung (z.b. mit einer Erklärung und einer Checkbox) ist rechtsverbindlicher und somit vorzuziehen.

3.2 Sicherheit einer WebSite

Der Anbieter ist für die erhoben Daten verantwortlich[25] und somit für deren Sicherheit. Des Weiteren ist eine zuverlässig Datenverarbeitung und Technik für den Betrieb unerlässlich, dies ist ein häufig unterschätzter Risikofaktor. Somit sind zumindest die folgenden Dateneigenschaften zu schützen:

- *Vertraulichkeit* (engl. confidentiallity)

  Unbefugter Informationsgewinn: Ein passiver Angriff der versucht Informationen aus den übertragenen Daten zu bekommen

- *Integrität* (engl. integrity)

  Unbefugte Modifikation der Daten: Ein aktiver Angriff der versucht die übertragenen Daten zu manipulieren

- *Authentizität* (engl. authenticity)

  Unbefugte Erzeugung von Daten: Ein aktiver Angriff, bei dem der Angreifer sich als der Besitzer der Daten auszugeben versucht

- *Verfügbarkeit* (engl. availability)

  Unbefugte Unterbrechung: Ein aktiver Angriff auf die Verfügbarkeit der Daten und Server[8]

Im nachfolgenden werden die technischen Möglichkeiten, die Sicherheit gewährleisten, für den Client (inklusive dem Kommunikationsweg) und den Server getrennt betrachtet. Das Bundesamt für Sicherheit in der Informationstechnik (BSI) bietet mit dem IT-Grundschutz eine einfache Methode, Sicherheitsmaßnahmen zu identifizieren und umzusetzen, die dem

---

[23] §14 & 15 TMG regeln unter welchen Voraussetzungen personenbezogene Daten erhoben werden dürfen

[24] §13 TMG Pflichten des Dienstanbieters und §4 BDSG Zulässigkeit der Datenerhebung, -verarbeitung und -nutzung

[25] §7 Abs. 1 TMG Allgemeine Grundsätze

Stand der Technik entsprechen[9].

3.2.1   Kommunikationsweg und Client

Die Eigenschaften Integrität und Vertraulichkeit lassen sich gut mit Verschlüsselung schützen. Denn eine verschlüsselte Nachricht ist ohne den Schlüssel (engl. key) zu kennen nicht
zu verstehen oder zu verändern. Dies lässt sich am einfachsten mit dem Secure Socket Layer (SSL) Protokoll erreichen, auch als Transport Layer Security (TLS) bekannt, welches in der
Darstellungsschicht (engl. presentation layer) des OSI-Referenzmodells angesiedelt ist. Dies
hat den Vorteil, dass die Protokolle (z.b. http, telnet, ftp, smtp) der Anwendungsschicht
mehr oder weniger unverändert genutzt werden können. Da somit für die darunter liegen-
den Protokolle (z.b. tcp und ip) nur die Nutzdaten verschlüsselt werden, sind hier keine
Änderungen der Protokolle nötig. Mit dem SSL-Handshake-Protokoll findet eine geschützte
Identifikation und Authentifizierung der Partner statt. Im Anschluss wird mittels eines
Public-Key-Verfahrens (asymmetrische Verschlüsselung) oder des Diffie-Hellman-
Schlüsselaustausches ein gemeinsamer symmetrischer Sitzungsschlüssel erzeugt und ausgetauscht. Dieser wird zur Verschlüsselung der Nutzdaten verwendet. Am häufigsten kommt
hierbei das Public-Key-Verfahren zum Einsatz, hierbei sendet der Server ein Zertifikat mit
seinem öffentlichen Schlüssel (engl. public key) zu [10]. Im Internet werden meistens Zerti-
fikate von einer anerkannten Zertifizierungsstelle (engl. Certificate Authority, CA) genutzt.
Die anerkannten Zertifizierungsstellen überprüfen die Identität des Antragstellers (z.B. über
den Handelsregistereintrag von Firmen) vor der Zertifikaterteilung. Die Zuordnung von öf-
fentlichem Schlüssel zu dem Zertifikat wird von der Zertifizierungsstelle beglaubigt, indem
sie sie mit ihrer eigenen digitalen Signatur versieht.

Durch eine Benutzer-Authentifikation mittels Benutzername und Passwort lässt sich die
Authentizität des Nutzers feststellen. Hierzu muss der Benutzername dem Nutzer einein-
deutig zugeordnet werden können. Bei dieser Form der Benutzer-Authentifikation hängt
die Sicherheit von der Qualität und Länge der gewählten Benutzernamen und Passwörter
ab. Die folgenden Kriterien beeinflussen die Qualität positiv:

- Verwendung von Sonderzeichen
- Verwendung von Groß- und Kleinbuchstaben
- Verwendung von Ziffern
- Nicht Verwendung von Wörterbuchworten

Zu beachten ist, dass die Daten der Benutzer-Authentifikation nicht unverschlüsselt übertragen werden und so ein Fremder in Besitz dieser gelangen kann.

3.2.2 Überblick Server-Sicherheit

Die Sicherheitsanforderungen die auf Serverseite zu bedenken sind, sind mannigfaltig und nicht nur technischer Natur. Die im letzten Kapitel genannten Maßnahmen müssen natürlich auch auf dem Server implementiert und beachtet sein. Zu diesen Sicherheitsrisiken kommen aber noch weitere, wovon in der nachfolgenden Liste die wichtigsten genannt werden:

- Verlust der gespeicherten Daten
- Fehlerhafte Nutzung und Administration
- Ausfall des Servers
- Manipulation der gespeicherten Daten
- Schadprogramme
- Manipulation der Software
- Überlastung des Systems [9]

Anhand dieser Liste ist zu erkennen, dass Risiken durch verschiedene Umstände entstehen können. Aufgrund der Vielzahl an Umständen ist es schwierig einen allumfassenden Schutz für den Server zu realisieren. Es ist bei allen zu treffenden Maßnahmen die Kosten-Nutzen-Relation[26] zu sehen. Dies lässt sich leicht bei dem Verlust/Manipulation von Daten darstellen. Denn dem Verlust von Daten kann man durch Redundanz der Systeme und räumlicher Verteilung begegnen. Je geringer[27] der Datenverlust ausfallen darf umso höher werden die Kosten, da sich der organisatorische und technische Aufwand erhöht.

Wichtig bei dem Betreiben eines Servers ist, schon bei der Installation die Sicherheit des zukünftigen Einsatzes mit zu bedenken, denn für verschiedene Schritte bei der Software-entwicklung sind jewells andere Sicherheitsaspekte zu berücksichtigen. Hier bietet das BSI mit den Katalogen des IT-Grundschutzes eine gute Unterstützung an. In Tabelle 1 sind die wichtigsten Kataloge zum Aufbau und Betrieb eines Webservers aufgelistet.

Bei der Entwicklung einer Webanwendung mit Datenbankanbindung ist SQL-Injektion eine bekannte Sicherheitslücke, die geschlossen werden muss. Hierbei versucht ein Angreifer, über die Benutzereingaben, eigene Befehle an die Datenbank zusenden. Dies wird realisiert durch die Eingabe von Metazeichen die eine Sonderfunktion (wie z.B. Semikolon ;) besitzen. Diese Sicherheitslücke kann einfach geschlossen werden durch Ausfiltern oder Maskieren der Metazeichen oder der Nutzung von Prepared Statements oder Stored Procedures.

---

[26] Wobei gesetzliche Vorgaben immer erfüllt sein sollten.
[27] Daten zwischen Sicherungs- und Verlustzeitpunkt bzw. Zeitpunkt der Feststellung

Tabelle 1 Wichtige IT-Grundschutzkataloge des BSI [9]

Thema des Katalogs	Katalog Nr.
Allgemeiner Server	B 3.101
Apache Webserver	B 5.11
Datenbanken	B 5.7
Datensicherung	B 1.4 & M 6.32
Beachtung rechtlicher Rahmenbedingungen	M 2.340
Schutz der WWW-Dateien	M 4.94
Linux Server	B 3.102
Webserver	B 5.4
Sicherer Einsatz der Protokolle und Dienste	M 5.39

3.3 Einfluss des Webdesigns auf die Entwicklung

Wenn die Reihenfolge Funktionalität, Web-Ergonomie und Webdesign beim Entwurf einge-
halten wird, bekommt man eine gute Website. Hierbei ist die Funktionalität der Ausgangs-
punkt, denn diese legt den Zweck der Website fest. Jedoch ist diese für den Benutzer nur
dann nutzbar, wenn sie ergonomisch bedienbar ist. Durch das Design wird die Website
dann ästhetisch.

„Design ist nicht allein Form und nicht allein Funktion,

sondern die ästhetische Synthese von beidem." Philosophie von F.A. Porsche[28]

Nachfolgend werden nur die Web-Ergonomie und das Webdesign weiter betrachtet, da
durch die Funktionalität der Zweck der Website vorgegeben ist. Das Webdesign wird durch
zwei Aspekte beeinflusst:

- den Zweck der Website und

- die Zielgruppe.

Durch die Web-Ergonomie werden die Rahmenmöglichkeiten des Webdesigns festgelegt.
Neben der Ergonomie ist die Zielgruppe der zweitwichtigste Aspekt der das Design bestimmt.

Nach Balzert lässt sich die Web-Ergonomie in Anlehnung an die Software-Ergonomie fol-
gendermaßen definieren:

---

[28] [11 S. 2]

„Web-Ergonomie befasst sich mit der menschengerechten Gestaltung von Websites bzw. Web-Anwendungen, die in einem Browser dargestellt werden. Ziel ist die Entwicklung und Evaluierung gebrauchstauglicher Websites, die Benutzer zur Erreichung ihrer Arbeitsergebnisse befähigen und dabei ihre Belange im jeweiligen Nutzungskontext beachten." [11 S. 4]

Die Gebrauchstauglichkeit ist aus Sicht des Benutzers das wichtigste Bewertungskriterium einer Website. Diese lässt sich mit den folgenden vier Punkten messen:

- Effektivität:
  wie gut erreicht der Benutzer sein Ziel, bzw. wie viele Benutzer schließen die Aufgabe erfolgreich ab

- Effizienz:
  wie lange benötigt der Benutzer, um das Ziel bzw. die gewünschte Information zu erreichen

- Zufriedenheit:
  wie häufig besucht der Benutzer die Seite wieder (nur wenn die Website kein Alleinstellungsmerkmal hat, d.h. das zu dem Thema der Webseite Konkurrenzsites existieren)

- Nutzungskontext:
  die Umgebung in der das Produkt genutzt wird

Das Webdesgin hingegen wird auf die Benutzerzielgruppe (z.b. bei einer älteren Zielgruppe eine klassische und konservative Gestaltung) und den Zweck der Website abgestimmt. Hierbei ist die Farbgestaltung sehr wichtig, denn die Farben sind das erste, das ein Besucher wahrnimmt [11 S. 1-10]. Zu beachten ist bei der Farbwahl, dass Farben oft unbewusst wahrgenommen werden und Gefühle auslösen können. Somit löst jede Farbe bewusste oder unbewusste Reaktionen aus. Jede Farbe hat eine, meistens aber mehrere Farbwirkungen (z.B. Fern- und Nahwirkung, Funktionsfarben und Synästhesie) auf den Betrachter. Die Wirkungen werden durch die Einzelfarbe bzw. der Kombination benachbarter Farben hervorgerufen. Hinzu kommt, dass Farben in verschieden Kulturen verschiedene Bedeutung haben können [12 S. 183-203].

Bei der Gestaltung der Texte einer Webseite sollte beachtet werden, dass die meisten Nutzer sie nur überfliegen und nicht richtig lesen. Da das Lesen auf dem Bildschirm anstrengender ist, als das Lesen von Papier, drucken sich viele Personen die Informationen aus. Hierzu ist es für Webseiten mit vielen Informationen sinnvoll eine geeignete druckbare Version bereit zu halten. Um das Erfassen von Text einer Website für den Nutzer so angenehm wie möglich zu machen, sollten die folgenden Punkte beachtet werden:

- der Weiß-Anteil[29] einer Webseite mit Text sollte zwischen 40-60% liegen
- speziell für das Internet aufbereitete Texte
  - Strukturierung des Textes zur leichteren Erfassung
  - Vermeidung negativer Formulierungen
  - Modularisieren von größeren Texten
  - Nutzen der multimedialen Möglichkeiten (z.b. Bilder, Videos, Animationen, etc.) zur Informationsübermittlung
  - Schreiben im Zeitungsstil (invertierter Pyramiden Stil)
- Typographie
- Schrift (engl. font) und Schriftgröße [11 S. 101 & 167-190]

  Es sollten am besten nur Standardschriften verwendet werden die alle Browser kennen. Ist die ursprünglich gewählte Schriftart nicht verfügbar, wählt der Browser eine andere Schrift aus, die das Layout der Website zerstören kann.

Ein unverzichtbarer Bestandteil einer modernen Website sind Bilder. Hierbei sind die wichtigsten Formate [13 S. 33-47]:

- Graphics Interchange Format (GIF)

  GIF komprimiert die Bilddaten verlustfrei mit dem Lempel-Ziv-Welch-Verfahren (LZW-Verfahren und nutzt eine Farbpalette von 256 Farben aus einer Farbauswahl von 16,8 Million Farben. Über einen binären Alphakanal kann eine transparente Farbe definiert werde. Der Interlace-Modus von GIF stellt Bilder während sie noch geladen werden dar. Es besteht die Möglichkeit mehrere Einzelbilder zu einer Animation zusammenführen. Aufgrund der genannten Eigenschaften eignen sich GIF-Bilder besonders gut für Zeichnungen und Symbole.

- Portable Network Graphics (PNG)

  PNG wurde entwickelt als für den LZW-Algorithmus von GIF Lizenzgebühren erhoben wurden, der verlustfreie Komprimierungs-Algorithmus von PNG ist etwa 5-10% besser als das LZW-Verfahren. Aber nicht nur der Komprimierungs-Algorithmus wurde verbessert, auch der Interlace-Modus wurde durch den Progressiv-Modus ersetzt. PNG bietet 8 oder 16 Bit Echtfarbendarstellung oder 1,2,4 oder 8 Bit Farbtiefe bei Nutzung einer Palette.

---

[29] Anteil der freien Hintergrundfläche (white-space)

- Joint Photographic Experts Group (JPEG)

  Das JPEG-Format bietet eine verlustfreie (Lossless-Modus) und verlustbehaftete Komprimierung an, wobei meisten die verlustbehaftete Komprimierung eingesetzt wird. Die Kompressionsrate des Lossless-Modus ist nicht sehr gut. Die Farbtiefe beträgt 24 Bit und JPEG ist optimal für Fotos geeignet.

Das JPEG-Format hat sich bei Fotos als Quasi-Standard durchgesetzt und so liefern heute auch alle WebCams Bilder in diesem Format. Bei JPEG ist zu beachten, dass sich die Qualität in Abhängigkeit zur Komprimierung verschlechtert, wobei sie erst bei sehr hohen Komprimierungsraten die Qualität, durch Blockbildung, deutliche Einbußen erleidet.

Ein wichtiges Merkmal heutiger Website-Entwicklung ist die Trennung von Layout und Inhalt. Hierzu wird der Inhalt mit HyperText Markup Language (HTML) strukturiert und diese Struktur mittels Cascading Style Sheets (CSS) dargestellt. Der Vorteil dieser Methode ist, dass das Design einer Webseite nur durch Änderungen am CSS möglich ist. Wenn das CSS in einer externen Datei gespeichert ist und somit der Geltungsbereich die gesamte Website ist, sind Änderungen sehr einfach für die gesamte Site möglich. Dieses Prinzip wird bei der Website CSS Zen Garden[30] verdeutlicht, wo die Seite durch verschiedene CSS-Dateien ihr Aussehen verändert.

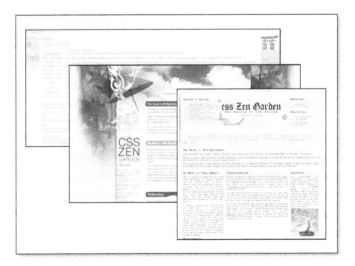

Abbildung 10: Beispiel von drei Verschieden CSS-Designs bei CSS-Zen Garden

---

[30] http://www.csszengarden.com/ bzw. deutsche Version
http://www.csszengarden.com/tr/deutsch/

4 Grundgedanken für die Realisierung

Durch die Aufgabenstellung der Entwicklung eines Webportals stand die Architektur als Client/Server Lösung fest. Hieraus ergibt sich, dass Überlegungen, welche Programmiersprache und welches Framework genutzt werden soll, für den Client und den Server getrennt getroffen werden müssen. Damit die Entwicklung von Client und Server zukünftig unabhängig voneinander geschehen kann, ist das Datenaustauschformat zu definieren. Dies ist hilfreich, um sich ändernden Situationen besser anpassen zu können. Da man keinen Einfluss auf den eingesetzten Browser beim Nutzer hat, kann es passieren, dass manche das Webportal nicht nutzen können, da es Mindestanforderungen an den Browser gibt. Auf den Server hat man größeren Einfluss und so sind dort Entscheidungen bezüglich des eingesetzten Betriebssystems und der Dienste zu treffen. Nachfolgend werden die oben genannten Punkte genauer erläutert.

4.1 Programmiersprachen und Frameworks

Die Entscheidung welches Framework eingesetzt werden soll ist eng mit der Auswahl der Programmiersprache verbunden. Nachfolgend werden die getroffenen Entscheidungen für den Client und den Server dargestellt.

4.1.1 Client

Da die Funktionalität die Darstellung dynamische Elemente verlangt, stehen nur die beiden am weitesten verbreiteten Standards

- Flash oder
- HTML in Verbindung mit CSS und JavaScript bekannt als DHTML[31]

zur Auswahl. Für die Nutzung von Flash muss der Nutzer in seinem Browser das kostenlose Flash-Plugin[32] installiert haben. Hingegen können alle modernen Browser HTML, CSS und JavaScript ausführen. Wie man in Abbildung 11 sehen kann, werden fast nur noch moderne Browser[33] genutzt. Da keine Videoinhalte sondern nur Bilder präsentiert werden, war die große Stärke von Flash, die gute Videokomprimierung[34], von geringer Bedeutung. Des Weiteren wirken auf viele Nutzer Flashanwendungen verspielt, unseriös und unsicher [14].

---

[31] DHTML für dynamisches HTML
[32] http://www.adobe.com/de/products/flashplayer/
[33] Probleme können alte Browser wie IE 4.0 oder Netscape 4 bereiten
[34] Seit Flash Version 10 mit dem Codex H.262

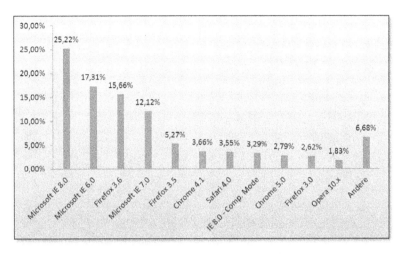

Abbildung 11: Verteilung der Browserversion im Internet II/2010 [15]

Eine weitverbreite Methode für DHTML ist Asynchronous JavaScript and XML (AJAX), hierbei wird anders als bei einer klassischen Webanwendung nicht bei jeder Anfrage an den Server eine komplette HTML-Seite ausgeliefert. Es werden bei einer AJAX-Anwendung nur Daten über den XMLHttp-Request ausgetauscht. In Abbildung 12 sind die beiden Modelle vereinfacht dargestellt, hierbei stellt die Benutzer-Sitzung mit Hilfe der Geschäftslogik die Daten dem Benutzer zu Verfügung. Im Klassischen-Model werden diese in eine Webseite bestehen aus HTML, CSS, JavaScript und Bildern integriert (z.b. mit Java Server Pages) und übertragen. Im AJAX-Model hingegen wird zuerst eine umfangreichere Webseite übertragen und anschließenden nur noch die Daten selber. Hierzu wird meistens das eXtensible Markup Language- (XML) oder JavaScript Object Notation-Format (JSON) genutzt. Diese Daten werden dann mittels JavaScript vom Browser dargestellt. Dies hat den großen Vorteil, dass die Wartezeit für den Nutzer bei Aufrufen neuer Seiten geringer wird.

Als Client Programmiermethode wurde AJAX gewählt, da mit dieser Technik alle Funktionen realisiert werden können. Für AJAX sprechen verschiedene JavaScript-Frameworks[35], die die Arbeiten erleichtern, da schon viele Funktionen vorimplementiert sind.

Zu den bekanntesten AJAX-Frameworks gehören:

- JQuery

- Prototype + Scriptaculous

---

[35] Oft auch Bibliothek anstatt Framework genannt

- Dojo

- YUI (Yahoo User Interface)

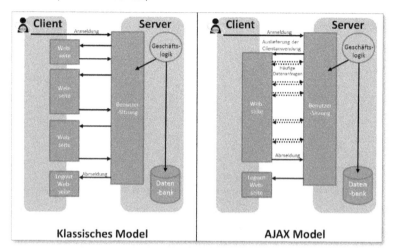

Abbildung 12: Vergleich AJAX mit einer klassischen Webanwendung[16 S. 43-44]

Die Wahl des Frameworks für AJAX fiel auf JQuery (Version 1.4.2), da nicht nur die XMLHttp-Request-Aufrufe einfach und browserunabhängig geregelt sind, sondern es viele fertige Funktionen in ergänzenden Bibliotheken gibt.

4.1.2 Server

Bei der Auswahl der Programmiersprache, die auf dem Server eingesetzt wird, sind zwei Aufgabenbereiche mit verschieden Anforderungen zu bedenken. Der erste Aufgabenbereich ist die serverseitige Webanwendung, hier steht die Kommunikation mit dem Client im Vordergrund. Im zweiten Bereich werden regelmäßige Aufgaben bearbeitet. Nach der Entscheidung für AJAX als Client-Lösung, ist die Wahl auf Java (Version 6, Java Virtual Machine (JVM) 1.6.0_0b11) mit Servlets gefallen. Die Entscheidung wurde im Hinblick auf die zukünftige Weiterentwicklung getroffen, denn Java ist eine sehr weit verbreitete Programmiersprache. Java-Servlets bieten einen einfachen und erweiterbaren Einstieg in die Programmierung von XMLhttp-Requests. Auf Java-Server-Pages (JSP) wird bewusst verzichtet, da die Darstellung komplett von HTML mit AJAX übernommen wird.

Als Programmiersprache für den zweiten Aufgabenbereich wurde Python (Version 2.5.2) gewählt, da es anders als Java ohne Virtuelle Laufzeitumgebung auskommt. Ein weiterer Vorteil von Python ist, dass es als Scriptsprache sowie als qualifizierte objektorientierte

Programmiersprache verwendet werden kann und somit flexibel einsetzbar ist. In Firmen sind oft die Bereiche Anwendungsentwicklung und Systemadministration getrennte Teams oder Gruppen. Programme die regelmäßige Systemaufgaben, wie das Bereinigen von Verzeichnissen, erledigen, gehören meistens in den Bereich der Systemadministration. In diesem Bereich ist Python als Programmiersprache (meistens als Scriptsprache) weit verbreitet, im Gegensatz zu Java.

4.2 Auswahl Server und Betriebssystem

Als Betriebssystem wurde Linux gewählt, da es sich gut für den Einsatz im Umfeld von Webapplikationsservern eignet und weit verbreitet ist. Linux hat den Vorteil gegenüber Windows, dass kein grafisches Benutzerinterface laufen muss und so weniger Systemressourcen genutzt werden. Ein weiter Vorteil von Linux sind die geringeren Kosten, da keine Lizenzgebühren anfallen. Beide Betriebssysteme können für den Betrieb sicher konfiguriert werden, wobei der Aufwand zum Konfigurieren bei Linux geringer ist. Auf dem VServer von 1&1 ist Ubuntu 8.04 64 Bit (Kernel 2.6.9-023stab052.4Distribution Red Hat 3.4.5-2) installiert.

Für die Serverdienste wurden die OpenSource Produkte Apache (Version 2.2.8), Tomcat (Version 6.0.26), mySQL (Version 5.0.51a-3ubuntu5.7), openSSL (Version 0.9.8g) und VSFTPD[36] (Version 2.0.6) ausgewählt, da es weitverbreitete Standardprodukte sind die alle Funktionalitäten bieten, die benötigt werden.

4.3 Datenaustausch zwischen Client und Server

Der Datenaustausch zwischen Server und Client wird über die XMLHttp-Request API ausgeführt. Mit dieser API können beliebige Daten über das Protokoll HypterText Transfer Protocol (http) ausgetauscht werden, hierzu stehen alle http-Anfragemethoden wie z.B GET und POST zu Verfügung. Da XML viel Overhead durch die Tag-Bezeichnung verursacht, wird als Datenformat JSON[37] genutzt. JSON besteht aus zwei Strukturen

- Objekte und
- Arrays.

Objekte sind in geschweifte Klammern ({}) eingebettet und bestehen aus einer ungeordneten Liste von Eigenschaften, die durch Kommata (,) voneinander getrennt sind. Eine Eigenschaft besteht aus einem durch einen Doppelpunkt (:) getrenntes Paar aus einem Schlüssel

---

[36] Very Secure FTP Daemon
[37] www.json.org

und einem Wert (Schlüssel:Wert).

Die Seite mit der Adresse http://iseeso.de:8080 meldet:

Returned data: ["errorLogin":"false", "sessionID":"6322789E50248408374E5F9F6217E347",
"nickname":"nad", "name"████"er", "vname":"████", "email":██████████
"str"██████:", "hnr"████, "plz"████, "ort":████, "land":"brd", "tempid":"8c928d5a-
2440-4d93-bdd9-56f4be7dfbda-b84d9755-5206-4eeb-9adc-f7dcb95f13e1", "verified":"1", }

OK

Abbildung 13: Vom Client empfangene Login Daten (JSON) zu Testzwecken ausgegeben

Der Schlüssel ist eine Zeichenkette, hingegen kann der Wert ein Objekt, ein Array, eine Zeichenkette, eine Zahl, *true*, *false* oder *Null* sein. Ein Array ist eine durch Komma (,) getrennte geordnete Liste von Werten eingebettet in eckige Klammern ([]). Da der Wert ein Array oder auch ein Objekt sein kann, können die Daten bei JSON beliebig verschachtelt sein.

5 Aufbau des Prototypen

Das Webportal ISeeSo ist nach dem Client-Server-Model[38] aufgebaut, hierzu ist die Applikation in einen Client- und einen Serverteil an Programmen/Diensten aufgeteilt. Wir betrachten zunächst die Programme/Dienste des Clients, gefolgt von dem Abschnitt über den Server. Hierzu werden die Besonderheiten des Architekturbereichs in Bezug auf ISeeSo kurz dargestellt. Darauf folgt eine Betrachtung der einzelnen Komponenten des Bereichs mit einer Übersicht der zugehörenden Quellcode-Dateien. Im Anschluss wird die Struktur von ISeeSo unter der Sicht des MVC-Modells betrachtet.

5.1 Implementierung des MVC-Modells

Der Prototyp ist nach dem MVC-Entwurfsmuster (Model View Controller) entwickelt worden. Die Umsetzung der einzelnen Bestandteile im Prototyp werden nachfolgend kurz vorgestellt.

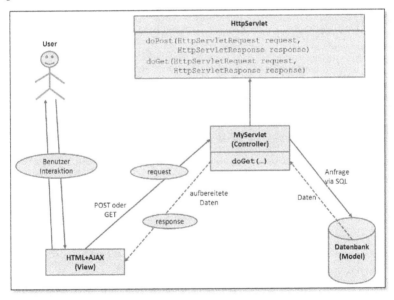

Abbildung 14: MVC-Modell bei ISeeSo.de

- Model

  als Model fungiert nur die Datenbank mit dem Datenmodel, da keine unabhängige Geschäftslogik existiert

---

[38] auch als Client-Server-Architektur bekannt

- View

  der AJAX-Client bestehend aus HTML, JavaScript und CSS fungiert als View wo die
  Daten aufbereitet werden

- Controller

  oder Steuerungsschicht analysiert die Anfrage, fragt mit SQL Daten in der Datenbank ab, bereitet diese auf und reicht sie an den AJAX-Client weiter.

5.2 Clientseitige Programme

Den Client kann man in Fat und Thin-Client [17] unterscheiden. Hierbei ist der Grad der
Ausführung von Applikationslogik die Unterscheidung zwischen den Clients. ISeeSo nutzt
zwei verschiede Clients, einen Browser mit einer Webseite des Portals und die WebCam,
welche die Bilder überträgt. Der Client der WebCam wird nicht weiter betrachtet, da als
Schnittstelle für die Übertragung der Bilder das FTP-Protokoll verwendet wird. Dieses Protokoll beherrschen die meisten WebCams native oder durch Software wie *Webcam 7*[39]. Die
Webseite selbst nutzt die AJAX-Bibliothek JQuery und ist somit kein reiner Thin-Client mehr.
Es wird zwar direkt keine Geschäftslogik im Client abgebildet, aber alle Angaben werden
validiert und mit zwischengespeicherten Daten verglichen bzw. dargestellt. Diese Funktio-
nen werden genutzt, um den Datenverkehr zwischen Client und Server gering zu halten.
Einen Überblick des Aufbaus des Clients ergibt die folgende Betrachtung der einzelnen
Komponenten.

5.2.1 HyperText Markup Language

Es gibt nur eine einzige HTML-Seite, die index.html und alle visuell dargestellten Seiten sind
durch div-Blockelemente realisiert. Diese werden je nach gewünschter Seite ein- oder aus-
geblendet. Diese Dynamik wird durch JavaScript in Kombination mit CSS realisiert. Alle nicht
dynamischen Inhalte sind direkt in der index.html implementiert und die dynamischen
werden via JavaScript aus den empfangenen Daten generiert. Die CSS- und JavaScript-
Abschnitte sind in Dateien ausgelagert und werden im head-Bereich geladen. Die div-Blöcke
die später via innerHTML[40] gefüllt werden, sind mit geschützten Leerzeichen (Code)
belegt, damit beim generieren neuen HTML-Codes später weniger ungewünschte optische
Effekte entstehen.

---

[39] http://www.webcamxp.com/home.aspx
[40] Durch die Eigenschaft innerHTML kann zur Laufzeit generierter HTML Quellcode angezeigt werden.

Abbildung 15: Startseite von iseeso.de

Die HTML-Seite ist in vier div-Element Bereiche unterteilt, welche durch die id gekenn-zeichnet sind:

- header

  Bereich des Logos und des Logins (Login, Logout, Registrierung)

- navi, naviSpacer und naviSub

  Bereich des Menüs und Untermenüs

- main

  Bereich zur Darstellung der Inhalte (Seite) der einzelnen Menüpunkte

- footer

  zur Zeit ungenutzt

5.2.2 Cascading Style Sheets

Zur Trennung von Layout und Inhalt wird CSS eingesetzt, hierzu werden zwei CSS-Dateien geladen. Eine Datei gehört zu JQuery Bibliothek und wird von dieser benötigt, in der zwei-ten iseeso.css sind alle statischen Layout-Eigenschaften der Webseite hinterlegt. In den CSS-Dateien werden hierzu zuerst die allgemeinen Elemente und Klassen definiert, darauf folgen die einzelnen Bereiche (z.B. dargestellter Menüpunkt) der Webseite in denen über die ID-Eigenschaft oder weitere Klassen das Aussehen der Webseite bestimmt wird.

Im JavaScript-Bereich der Applikation werden dann einzelne CSS-Eigenschaften (z.B. back-ground-color oder visibility) dynamisch verändert. Die Positionierung der einzelnen HTML-Elemente wird mit der floating-Eigenschaft realisiert, so dass zwei oder mehr Elemente nebeneinander dargestellt werden.

5.2.3 JavaScript

5.2.3 JavaScript

Der JavaScript-Teil ist der umfangreichste und wird durch vier JQuery- und drei ISeeSo-Dateien repräsentiert. Die JQuery-Dateien werden kurz im nächsten Unterpunkt erläutert, anschließend wird auf den ISeeSo Quellcode eingegangen. Dieser wurde zur besseren Übersicht in drei Bereiche getrennt. In der ersten Datei (iseeso_init.js) ist die ready-Funktion von JQuery genutzt worden, welche ausgeführt wird sobald das Document Object Model (DOM) fertig geladen ist. In der iseeso.js sind alle übrigen JavaScript Funktionen definiert. Die globalen Variablen und Objekte werden in iseeso_data.js hinterlegt.

```
//definieren der Farbparameter
var iseesoColor = new Object();
    iseesoColor.darkOver = "#719fd0";
    iseesoColor.darkLeave = "#c0c4de";
    iseesoColor.lightOver = "#719fd0";
    iseesoColor.lightLeave = "#c0c4de";
    iseesoColor.error = "#ff7f50";
    iseesoColor.background = "#f2f2ff";
    //der Wert von inputBackground in RGB umgerechnet und eingetragen
    iseesoColor.backgroundRGB = "rgb(242, 242, 255)";
    iseesoColor.inputBGHighlight = "#719fd0";
    //der Wert von inputBackgroundHighlight in RGB umgerechnet und eingetragen
    iseesoColor.inputBGHighlightRGB = "rgb(113, 159, 208)";
    iseesoColor.inputBackground = "#e6e6fa";
```

Abbildung 16: Farbparameter in `iseeso_data.js`

5.2.3.1 JQuery-Bibliotheken

Es wird nicht nur die reine JQuery-Bibliothek genutzt, es werden drei weitere Erweiterungen implementiert:

- mousewheel von JQuery Tools[41],
- slider von JQuery UI[42] und
- das Plugin getURLParam[43].

Die Funktionen mousewheel und slider werden zur Darstellung der WebCam-Bilder benutzt, das Plugin getURLParam erleichtert die Verarbeitung bei der Verifizierung des Benutzers nach der Registrierung.

5.2.3.2 iseeso_init.js

Die ready-Funktion der JQuery Bibliothek, wird aufgerufen sobald das DOM komplett geladen ist. Dies bietet eine bessere Funktionalität als die onLoad Funktion, welche erst nach komplettem Laden der Webseite inklusive aller Bilder aufgerufen wird. In dieser Funktion werden alle Events des Menüs gebunden, sowie alle div-Blockelemente der einzelnen Sei-

---

[41] JQuery Tools http://flowplayer.org/tools/index.html
[42] JQuery UI http://jqueryui.com/
[43] Plugin getURLParam http://www.mathias-bank.de/2006/10/28/jquery-plugin-geturlparam/

ten versteckt, mit den jQuery Funktionen *.hide*. Das div-Blockelement der Startseite wird mit der jQuery Funktion *.show* angezeigt.

5.2.3.3 iseeso.js

iseeso.js enthält alle Funktionen die nicht zu JQuery, den Daten und der Initialisierung gehören. Diese Funktionen validieren die Eingaben und senden Daten mit der JQuery post-Funktion an den Server und verarbeiten die zurück kommenden Daten im JSON-Format (Beispiel siehe Abbildung 17). Diese Daten enthalten Rückgabeparameter über den Status der Anfrage und gegebenenfalls weitere Daten (z.b. Daten einer WebCam), wenn die Anfrage erfolgreich war. Diese Daten werden in JavaScript Objekten zwischengespeichert und meistens für den Benutzer aufbereitet.

```
$.post("/iseeso/createcam", {
    changeCamData : "addTempID",
    clientSessionID : userData.sessionID,
    newTempId : $("#austauschId"+ camNr).val(),
    camID : ownCamData.camData[camNr].cameraID
}, function(data) {
    // Umwandeln der JASON-Daten in ein Objekt
    returnData = jQuery.parseJSON(data);
    errorStr = ""; // String für Fehlermeldungen für HTML
    // Ausgabe
    if (returnData.errorSessionID == "true") {// Session
        // abgelaufen User wird ausgeloggt
        userData.userLogedIn = false;
        alert("Die Session ist abgelaufen, bitte melden Sie sich erneut an.");
        logout();
    } else {// Session ist noch aktiv
        if(returnData.errorTempId=="true"){
            alert("Die AustauschID existiert nicht!");
        }
        if(returnData.errorIsMember=="true"){
            alert("Die AustauschID wurde der Gruppe schon hinzugefügt");
        }
        if(returnData.errorIsMember=="true"){
            alert("Es ist ein Fehler beim hinzufügen der AustauschID aufgetretten!");
        }
    }
    // rekursiver Aufruf zur erneuten Darstellung
    generateOwnCam();
});
```

Abbildung 17: Aufruf der JQuery-Methode $.Post

Einige Funktionen für Menüpunkte geben mit innerHTML nicht nur Fehlermeldungen zurück, sondern generieren mit den vom Server gelieferten Daten die gesamte Darstellung des Menüpunktes und binden an das dynamisch generierte HTML Mausevents. Diese Events haben Übergabeparameter mit denen der zugehörige Datensatz des JavaScript Objektes ermittelt werden kann, so dass alle benötigten Daten für die Validierung und Übermittlung an den Server vorhanden sind.

5.3 Serverseitige Programme

Die Architektur des Servers teilt sich in die drei Unterabschnitte Server, Servlets und Cronjob. Der Unterabschnitt Server beinhaltet die Standardsoftware die benötigt wird, wohingegen in den Unterabschnitten Servlets und Cronjob Aufgaben der entwickelten Programme beschrieben werden.

5.3.1 Konfiguration der Server

Jedes der nachfolgenden Software-Produkte kann durch vergleichbare Produkte ohne großen Aufwand ersetzt werden. Hierzu müssen nur die Vorrausetzungen/Anpassungen der einzelnen Dienste beachtet werden.

5.3.1.1 Apache-Webserver

Der Apache-Webserver wird mit mod_jk[44] und mod_ssl[45] eingesetzt. Für mod_ssl wurde mit openSSL ein eigenes Zertifikat für den Server erstellt. Beide Apache-Mod's wurden in iseeso.conf konfiguriert (siehe Abbildung 18). Hierbei wird der https-Port 443 für mod_jk genutzt, somit ist der Prototyp unter https://www.iseeso.de/iseeso/ (verschlüsselt) zu erreichen. Während der Entwicklung sind Probleme mit dem Apache-Server aufgetreten (siehe Kapitel 6), welche zur Abschaltung des Servers führten.

```
<virtualhost *:443>
SSLEngine on
SSLCertificateFile /etc/apache2/ssl/apache.pem
ServerName www.iseeso.de
ServerAlias iseeso.de
Alias /iseeso /iseeso
JkMount /iseeso/ ajp13
JkMount /iseeso/* ajp13
</virtualhost>
```

Abbildung 18 iseeso.conf im Verzeichnis sites-enabled des Apache

5.3.1.2 Tomcat-Server

Der Tomcat-Server wird als Servlet Container eingesetzt, in welche die Servlets instanziiert werden. Die Servlets nutzen JavaMail und JDBC, somit müssen die entsprechenden JAR-Dateien durch das Servlet erreichbar sein. Hierzu müssen sie über die Pfade $TOMCAT_HOME oder $JAVA_HOME korrekt eingetragen sein. Sollte ein anderer Server (z.B. JBoss) als Servlet-Container dienen, so müssen auch Parameter (z.B. serverURL) in der web.xml angepasst werden. Der Tomcat-Server wurde für die SSL Nutzung auf Port 8444 konfiguriert, hierzu wurde in einem Keystore ein Zertifikat und Schlüssel gespeichert wel-

---

[44] mod_jk Version 1.2.25
[45] mod_ssl Version 2.2.8

ches mit openSSL generiert wurde. Da es kein Zertifikat einer anerkannten Zertifizierungsstelle ist, muss dieses Zertifikat bei der ersten Nutzung akzeptiert werden (siehe Abbildung
19). Der ISeeSo-Prototyp ist unter http://www.iseeso.de:8080/iseeso/ unverschlüsselt bzw.
verschlüsselt unter https://www.iseeso.de:8444/iseeso/ erreichbar.

Abbildung 19: Zertifikatinformationen des mit openSSL erstellten Zertifikates

5.3.1.3 Very Secure FTP Daemon-Server

VSFTPD ist für virtuelle FTP-Benutzer und SSL konfiguriert. Virtuelle FTP-Benutzer bieten
den Vorteil, dass nicht jeder FTP-Benutzer in der Benutzertabelle des Servers hinterlegt sein
muss. Somit haben die FTP-Benutzer keine eigenen Benutzerrechte und bekommen die
Rechte des im Parameter nopriv_user hinterlegten Benutzers. Durch die Konfiguration
für die Benutzung von FTP mit explizitem SSL wird die FTP-Verbindung verschlüsselt (siehe
Abbildung 20 für die Konfiguration) und somit ist eine sichere Übertragung der Daten möglich. Bei explizitem SSL wird erst nach der Klartext Übertragung von AUTH SSL bzw. AUTH
TLS die Verbindung verschlüsselt, somit ist auch die Nutzung von unverschlüsseltem SSL
möglich. Die verschlüsselte Übertragung der Bilder von der WebCam zum Server dient dem
Datenschutz, da sich auf den Bildern identifizierbare Personen befinden könnten. Die virtu-
ellen FTP-Benutzer werden in der vsftpd-Datenbank in der Tabelle accounts abgelegt. Zusätzlich muss im Verzeichnis /home/vsftpd/ ein Unterverzeichnis erstellt werden, das den
Namen des FTP-Benutzers trägt [konfiguriert mit Hilfe von 18 & 19].

```
listen=YES
anonymous_enable=NO
local_enable=YES
write_enable=YES
local_umask=022
dirmessage_enable=YES
xferlog_enable=YES
connect_from_port_20=YES
nopriv_user=vsftpd
chroot_local_user=YES
secure_chroot_dir=/var/run/vsftpd
pam_service_name=vsftpd
rsa_cert_file=/etc/apache2/ssl/apache.pem
ssl_enable=YES
force_local_data_ssl=NO
force_local_logins_ssl=NO
guest_enable=YES
guest_username=vsftpd
local_root=/home/vsftpd/$USER
user_sub_token=$USER
virtual_use_local_privs=YES
user_config_dir=/etc/vsftpd_user_conf
```

Abbildung 20: Inhalt der vsftpd.conf mit Hervorhebung des Bereichs für SSL

5.3.1.4 mySQL

Als Datenbank dient mySQL, wo alle Daten der Applikation abgelegt sind. In der Standard-Konfiguration ist die mySQL-Datenbank nur über Localhost-Zugriffe erreichbar, dies wurde geändert, damit während der Entwicklung auch Zugriffe aus der Entwicklungsumgebung möglich sind. Des Weiteren ist PHPmyAdmin als GUI (engl. Graphical User Interface) im Einsatz. Für den Test- bzw. Produktivbetrieb sollten beide Optionen[46] rückgängig gemacht werden. In Abbildung 21 sind die Tabellen der iseeso Datenbank und ihre Beziehungen untereinander dargestellt.

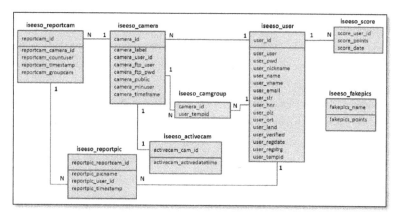

Abbildung 21: Tabellen der Datenbank iseeso

---

[46] Deinstallation von PHPmyAdmin und Zugriff wieder auf Lokal umstellen

5.3.2 Aufbau der Servlets

Alle Servlets öffnen bei der Initialisierung eine Verbindung (engl. connection) zur Datenbank iseeso über die Java Database Connectivity (JDBC) Schnittstelle. Über diese Verbindung werden alle SQL[47]-Anfragen für die iseeso-Datenbank abgewickelt. Zur Vermeidung von SQL-Injektion werden die SQL mittels *PreparedStatements* ausgeführt. Hierbei werden die Daten als Parameter an einen bereits kompilierten SQL-Befehl übergeben. Da die Daten somit nicht interpretiert werden, kann eine SQL-Injektion nicht zustande kommen. Die Servlets die eMails versenden, verwenden die Methode sendMail [20 S. 532-545] welche die *Javamail-Api* nutzt. Hierbei wird der Inhalt der eMail als Multipart-eMail bestehend aus Text und HTML gesendet. Dies hat den Vorteil, dass eMail-Clients eine gute Darstellung der eMail anbieten, die keine HTML ausführen.

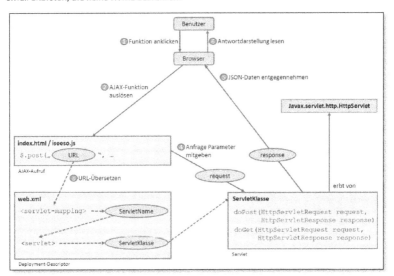

Abbildung 22: Ablauf eines Servlet-Aufrufs

Alle Servlets sind in der web.xml definiert, wie auch wichtige Parameter die für alle bzw. viele Servlets benötigt werden. Diese Parameter sind als Context-Parameter hinterlegt und enthalten Angaben z.B. für JDBC und eMail.

Alle Anfragen werden in der doGet-Methode bearbeitet, die doPost-Methode leitet an doGet weiter, somit werden alle POST- oder GET-Anfragen von der gleichen Methode bearbeitet und der Client kann die Methode wählen. In den meisten Servlets wird überprüft, ob der vom Client im Übergabeparameter Session-ID gesendete String mit der Session

---

[47] Structured Query Language

ID der laufenden Sitzung übereinstimmt. Sollte es hier zu einem Fehler kommen, wird der Parameter `errorSessionID` auf `true` gesetzt und die Anfrage nicht weiter bearbeitet. Der Client beendet hierauf die Sitzung mit einer Fehlermeldung.

5.3.2.1 ChangeUser

Im Servlet ChangeUser werden mehrere Funktionen, die mit Änderungen des Benutzers zu tun haben, bearbeitet. Zur Unterscheidung der einzelnen Funktionen wird in dem Übergabeparameter `changeUserData` die auszuführende Funktion mit übergeben. Hierbei sind mögliche Übergabewerte:

- `changeTempID`

  erzeugt eine neue unique AustauschID und änderte diese in den Userdaten. Alle Angaben der alten AustauschID werden gelöscht.

- `sendTempID`

  versendet eine eMail mit der aktuellen AustauschID an die übergebene eMailadresse

Abbildung 23: Aussehen einer versendeten AustauschID eMail

- `changePWD`

  ändert das Passwort, wenn das vom Client übertragene alte Passwort mit dem in der Session hinterlegten übereinstimmt.

- `changeUser`

  ändert Angaben zum Benutzer (Nickname und Benutzername lassen sich nicht ändern)

- `changeMail`

  ändert die hinterlegte eMailadresse und sendet an die alte Adresse eine eMail, die auf die neue eMailadresse verweist.

5.3.2.2 CreateCam

Das Servlet CreateCam beschäftigt sich mit der Erfassung und Änderung von WebCam-Daten des Benutzers. Hierzu wird der Übergabeparameter `changeCamData` verwendet zur Unterscheidung der einzelnen Funktionen. Zur Erstellung des FTP-Benutzers/Passwortes wird die Methode `createRandomStrings` (siehe Abbildung 24) verwendet, welche einen String mit zufälligen Buchstaben und Ziffern generiert.

```
/**
 * Erzeugt zufällige Zeichenkette aus dem Bereich 1 Ba-2
 *
 * @param length
 *            Länge des Strings
 * @return String mit dem Zufallsstring
 */
public static String createRandomStrings(int length) {
    Random randGen = new Random();
    String result = "";

    int counter = 0;

    while (counter < length) {
        // Bereichsgrenzen: von A = 65 bis z = 122
        // Bereich 91-96 sind Sonderzeichen -> Überspringen
        int value = randGen.nextInt(122 + 1 - 49) + 49;
        if (value >= 49 && value <= 57) {// Ziffern 1-9
            result += (char) value;
            counter++;
        }
        if (value >= 65 && value <= 90) {// Buchstaben
            result += (char) value;
            counter++;
        }
        if (value >= 97 && value <= 122) {
            result += (char) value;
            counter++;
        }
    }
    return result;
}
```

Abbildung 24: Methode zur Erzeugung zufälliger Strings

- `newCam`

  erstellen einer neuen WebCam und Speichern der Daten in der Tabelle `ise-eso_camera`, hierbei wird nur die WebCam angelegt und nicht die Benutzergruppe für die WebCam. Beim Anlegen der Kamera werden FTP-Benutzer und Passwort generiert und in der Datenbank `vsftpd` gespeichert und das Benutzerverzeichnis für den FTP-User angelegt.

- `delCam`

  löschen der WebCam und der dazugehörigen Benutzergruppe

- `changeCam`

  ändern der WebCam-Parameter

- `showCam`

  erstellen eines komplexen Übergabeparameters mit ineinander verschachtelten Strukturen, da alle zum Benutzer gehörenden WebCams mit allen Angaben und der dazugehörigen Benutzergruppe an den Client übergeben werden. Dieser bereitet die Daten dynamisch als HTML auf und bindet Events für den Aufruf der nachfolgenden Funktionen an das aufbereitete HTML[48].

- `addTempID`
  hinzufügen eines neuen Benutzers zur Benutzergruppe der WebCam, hierbei wird die AustauschID gespeichert.

- `delGroupUser`
  die AustauschIDs der ausgewählten Benutzer werden aus der Benutzergruppe der WebCam gelöscht

5.3.2.3 LoginUser

Wenn ein Benutzer sich anmeldet, wird das Servlet `LoginUser` aufgerufen, dieses überprüft, ob die gesendeten Angaben zu Benutzer und Passwort korrekt sind. Sollte dies der Fall sein werden die Benutzerdaten an den Client übertragen und für die schnelle spätere Verwendung im Session Objekt gespeichert.

5.3.2.4 RegisterUser

Das Servlet `RegisterUser` speichert die Daten eines neuen Nutzers bei der Registrierung. Hierzu wird eine eindeutige AustauschID generiert und die Daten in der Tabelle `iseeso_user` gespeichert, nachdem überprüft wurde, dass der Benutzername und der Nickname nicht schon existieren. Sollte sich bei der Überprüfung ergeben, dass diese schon existieren, wird dem Client übermittelt, welcher Parameter (Benutzername und/oder Nickname) schon existiert. Bei erfolgreichem Anlegen des Benutzers wird eine eMail an die angegebene eMailadresse gesendet, mit der der Benutzer sich verifizieren muss. In der eMail wird ein Link mit der URL des Servlets `VerifyUser` und den Parametern `nick` und `register` für die Verifizierung aufbereitet. In dem Parameter `nick` steht der eingegeben Nickname und im Parameter `register` die aktuelle Session-ID. Die Session-ID wird im Feld `user_regstrg` beim Schreiben der Daten gesichert.

5.3.2.5 ReportPic

Beim Melden eines Bildes überprüft das Servlet `ReportPic`, ob das Bild aus einer Benutzergruppenansicht gemeldet wurde oder ob es sich um eine openCam handelt. Hierzu werden vom Servlet `ShowCam` diese Informationen in Session-Parametern (siehe Unterabschnitt 5.3.2.6) gespeichert. Wenn das Bild aus einer Benutzergruppendarstellung stammt,

---

[48] Client Aufbereitung in iseeso.js in der Funktion `generateOwnCam`

wird der Provider der WebCam sofort via eMail informiert und das Bild und die umgeben-

den Bilder werden im Verzeichnis `reportRoot` unter der ID des erstellten Eintrages in der

Tabelle `iseeso_reportcam` gespeichert.

Kommt das Bild jedoch von einer openCam, wird abgeglichen ob es sich um ein Fakebild

handelt und wenn ja, werden die zum Fakebild gehörenden Punkte dem Viewer gutge-

schrieben. Sollte es sich nicht um ein Fakebild handeln, wird als nächstes geprüft ob der

Viewer eine reportCam beobachtet. Handelt es sich um eine reportCam die bereits an den

Provider gemeldet wurde oder deren Zeitfenster schon abgelaufen ist wird nur das Bild mit

Umgebung gesichert. Sollte dies nicht der Fall sein, wird zusätzlich der Usercount (Tabellen-

feld `reportcam_countuser`) um eins erhöht und überprüft, ob die Anzahl der benötig-

ten User erreicht wurde. Wenn die benötigten User erreicht wurden wird dem Provider

eine eMail gesendet. Sollte es sich dagegen um eine zufällige WebCam handeln, wird zuerst

überprüft ob zwischenzeitlich für diese WebCam eine reportCam erstellt wurde, andernfalls

wird eine neue erstellt. Hierbei wird der Usercount um eins erhöht bzw. auf eins gesetzt

und geprüft, ob die Kriterien zur Meldung der WebCam erreicht sind. Sollten diese erfüllt

sein wird der Vorfall dem Provider mit einer eMail gemeldet. In jedem Fall werden das ge-

meldete Bild und die umgebenden Bilder gesichert.

In der eMail an den Provider wird das gemeldete Bild als Anhang beigefügt (siehe Abbildung

25) und im Text wird der Name der gemeldeten WebCam angegeben, so dass der Provider

das Bild einer Kamera zuordnen kann. Im Text und Betreff ist vermerkt, wenn es sich um

eine Meldung aus einer Benutzergruppe handelt.

Abbildung 25: eMail an Provider bei Meldung eines Vorfalls

Jedes gemeldete Bild, außer Fakebildern, wird in der Tabelle `iseeso_reportpic` mit

der zugehörigen reportCam, einem Zeitstempel und der UserID gespeichert. So kann jeder-

zeit nachvollzogen werden, wer welches Bild wann gemeldet hat.

5.3.2.6 ShowCam

Die Aufgabe des Servlets `ShowCam` ist das zu Verfügung stellen der Daten und Bilder für den Menüpunkt *WebCams*. Zur Unterscheidung der einzelnen Funktionen wird in dem Übergabeparameter `webCam` die auszuführende Funktion mit übergeben. Hierbei sind mögliche Übergabewerte:

- `showOpenCam`

  auswählen der darzustellenden openCam und kopieren der zugehörigen Bilder in das Verzeichnis `webRoot`. Bei der Auswahl wird zuerst geprüft ob es eine report-Cam gibt und diese gewählt, ansonsten wird eine zufällige aktive openCam zuge-wiesen. Von der ausgewählten WebCam wird dann eine dem Parameter `pic-Count` entsprechende Anzahl von Bildern aus dem `reportRoot` oder `ftpUserRoot` ins `webRoot` kopiert und die Dateinamen der Bilder als JSON-Parameter aufgearbeitet. Wenn die WebCam keine reportCam ist, wird ein Fakebild zufällig ausgewählt, wenn die in der web.xml hinterlegte Prozentchance (`fakeChance`) erfüllt ist.

- `showGroupCam`

  für die ausgewählte groupCam werden die Bilder ins `webRoot` kopiert und der JSON-Parameter mit den Dateinamen der Bilder erstellt.

- `leaveGroup`

  verlassen der Benutzergruppe für die gewählte WebCam.

- `sendGroupCams`

  erstellen eines Übergabeparameters für die dynamische Darstellung der dem Vie-wer zugehörigen groupCams.

In der Session werden die vier Parameter

- `showActiveCam`

  ID der WebCam die gerade angezeigt wird

- `showGroupCam`

  boolescher Wert der wahr ist wenn es sich um eine groupCam handelt

- `fakePic`

  Dateiname des Fakebildes

- `reportCamID`

  ID der reportCam bzw. -1 wenn es keine reportCam ist

bei den Funktionen `showOpenCam` und `showGroupCam` für die Verarbeitung im Servlet `ReportPic` gespeichert.

5.3.2.7 ShowRanking

Das Aufrufen des Menüpunktes *Ranking* führt das Servlet ShowRanking aus, welches aus der Tabelle iseeso_score die Punkte für jeden Viewer summiert und für den aktuellen Monat und das aktuelle Jahr aufbereitet und an den Client weiterreicht.

5.3.2.8 VerifyUser

Das Servlet VerififyUser wird durch die URL der eMail, die bei der Benutzerregistrierung versendet wird, mit Get-Parametern aufgerufen. Durch den übertragenen Nicknamen im Parameter nick ist der Benutzer eindeutig zu identifizieren und so kann der Parameter register mit dem im Feld user_regstrg verglichen werden. Ist der Vergleich erfolgreich, wird das Feld user_verified auf 1 gesetzt und die index.html mit dem Parameter verified=true aufgerufen. Bei einem Fehlschlag wird die index.html mit dem Wert false für den parameter verified aufgerufen. Der Parameter wird beim Aufruf der Webseite in iseeso_init.js ausgewertet.

5.3.3 Aufbau und Funktion des Cronjobs

Für die Funktionalität des CronJobs wurden zwei Programme erstellt, runIseeso.py und iseeso.py. Die Aufgabe von runIseeso.py ist es iseeso.py zu starten und zu stoppen. Hierzu wird runIseeso.py mit den Parametern start bzw. stop aufgerufen. Der Parameter start bewirkt, dass die Datei iseeso.txt erstellt wird und eine 1 an der ersten Position eingefügt wird und anschließend wird iseeso.py aufgerufen. Zum Beenden von iseeso.py wird der Parameter stop genutzt, welcher bewirkt, dass in iseeso.txt aus der 1 an erster Stelle eine 0 wird. In der Mainmethode (siehe Abbildung 26) von Iseeso.py wird der Status von iseeso.txt überprüft, bei einer 0 wird das Programm beendet. Bei einer 1 wartet die Methode 60 Sekunden und ruft sich dann erneut auf. Am Anfang der Methode werden die vier Funktionen aufgerufen:

- Überprüfen der FTP-Verzeichnisse und aktualisieren des WebCam Status in der Tabelle iseeso_activecam.
- Löschen aller Dateien in den FTP-Benutzerverzeichnissen, bei denen die Zeitdifferenz zwischen Systemzeit und letztem Modifizierung-Zeitstempel der Datei größer dem Konfigurations-Parameter ftpDirTime ist.
- Löschen aller Unterverzeichnisse des im wwwRoot hinterlegten Verzeichnisses, wenn die Zeitdifferenz größer dem Parameter wwwDirTime ist.

- Löschen aller Unterverzeichnisse des im `reportRoot` (Verzeichnis der gemeldeten WebCams) hinterlegten Verzeichnisses wenn die Zeitdifferenz größer als `reportDirTime` ist.

```
""" Mainmethode """
def main(self):
    run = iseeso().readRun()
    self.activCam()
    self.deleteFiles(self.config['ftpRoot'],self.config['ftpDirTime'],False)
    self.deleteFiles(self.config['wwwRoot'],self.config['wwwDirTime'],True)
    self.deleteFiles(self.config['reportRoot'],self.config['reportDirTime'],True)
    if run == "1":
        time.sleep(60)
        iseeso().main()
    if run == "0":
        pass
```

Abbildung 26: Main-Methode von `iseeso.py`

Die Parameter befinden sich in der Datei `config.cfg` und werden in der Init-Methode von `iseeso.py` eingelesen. Die Verzeichnisse und Dateien werden gelöschtl da der Speicherplatzbedarf sehr groß ist, hierbei sollten die Zeiten der Parameter (in Minuten) der Konfigurationsdatei so gewählt werden, dass keine Probleme mit dem Betrieb des Prototyps auftreten. So ist z.b. als *SessionTimeout* 60 Minuten gewählt, somit sollten die Bilder auch nicht vor 60 Minuten gelöscht werden, da sie sonst nicht mehr in das *reportRoot*-Verzeichnis kopiert werden können.

6 Erfahrungen während der Entwicklung

Als Entwicklungsumgebung wurden Eclipse für die Java-Entwicklung und Adobe-Dreamweaver (CS4) bei der AJAX-Entwicklung genutzt. Der Vorteil von Dreamweaver bei der Webentwicklung ist, dass alle in der HTML-Seite geladen Dateien (CSS und JavaScript) mit geladen werden und somit schnell erreichbar sind. Die geteilte Ansicht von Quellcode und Browserdarstellung erleichtert die Positionierung von Elementen.

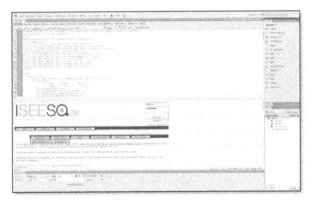

Abbildung 27: Adobe Dreamweaver bei der Entwicklung von ISeeSo

Als Browser wurde bei der Entwicklung Firefox 3.6 und Chrome 5.0 genutzt. Der Firefox bietet mit der Fehlerkonsole und dem DOM-Inspektor Plugin Unterstützung bei der JavaScript- Entwicklung. Die Entwicklertools bei Chrome bieten eine vielzahl an Möglichkeiten darunter die benötigte Zeit für alle Aufrufe der Webseite, aufgeteilt in die Bereiche Documents, Stylesheets, Images, Scripts und XMLHttp-Request (XHR) (siehe Abbildung 28). Die Funktionen von ISeeSo wurden aber auch mit den Browsern Internet Explorer (IE) 8 und Opera 10.6 getestet.

Ein Problem bei Browserentwicklungen ist, dass für JavaSript kein richtiger Debugger für jeden Browser existiert. Somit wurden bei der Entwicklung Client-Statusmeldungen und Inhalte von Variablen mit dem JavaScript-Befehl alert() in einem Fenster im Browser ausgegeben. Die wichtigste Variable ist hierbei `data` bzw. `returnData`[49], welche die Daten vom Server (Fenster mit der Darstellung der Variable `daten` Abbildung 13) enthält. Alle drei anderen getesteten Browser sind bei der Verarbeitung der JSON-Daten empfindlicher als der Firefox-Webbrowser.

---

[49] Objekt das die geparsten JSON-Daten enthält (jQuery.parseJSON(data))

In Abbildung 13 ist am Ende der JSON-Daten ein Komma zu erkennen, ohne dass eine weitere Eigenschaft folgt. Dies führt im IE, Chrome und Opera zu JavaScript Fehlern in der JQuery-Bibliothek. Hierzu mussten alle JSON-Daten kontrolliert und angepasst werden. An diesem Beispiel ist zu erkennen, dass eine Entwicklung für mehrere Browser einen höheren Aufwand bedeutet. Aus diesem Grunde wurden nur die Browser in den aktuellen Versionen getestet. In der Testphase sollte aber zumindest mit weiteren Browser-Versionen getestet werden.

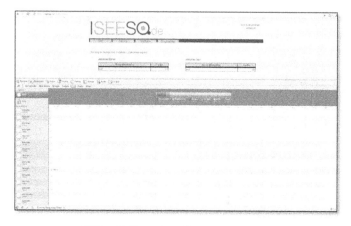

Abbildung 28: Chrom mit eingeblendeten Entwicklertools

Die Servlets wurden Lokal in Eclipse getestet, wobei Statusmeldungen und Inhalte der SQL-Strings oder Rückgabewerte mit System.out.println(xyz) in der Console ausgegeben wurden. Die Inhalte der mySQL-Datenbank wurden mit phpmyAdmin überprüft, welches auch für die Erstellung der Tabellen genutzt wurde. Um die Datei- und Verzeichnisfunktionen lokal testen zu können, wurde in der web.xml die Pfade für webRoot, ftpUserRoot und reportRoot auskommentiert und durch Windowspfadangaben ersetzt. Für den Betrieb auf dem VServer werden die Auskommentierungen getauscht (Windowspfade auskommentiert).

Die Servlets, insbesondere ShowCam und ReportPic, werden durch die Vielzahl an SQL-Anfragen zur Fallunterscheidung (z.B. ist es eine aktive reportCam, neue reportCam oder zufällige openCam) der einzelnen Funktionen unübersichtlich. Dieser Effekt wird durch die try/catch-Blöcke in den Anfragen verstärkt. Ein späteres Refactoring der Servlets und die Ausgliederung der Fallunterscheidungen in eigene Servlets sollte die Übersichtlichkeit erhöhen. Aufgrund der geringen Resourcen des VServers wurde die Anzahl der Servlets gering gehalten.

Auf dem VServer wurden die Dienste installiert und konfiguriert, hierbei ergaben sich die folgenden Probleme. Die Tabelle für die FTP-Benutzer konnte nicht in der Datenbank von ISeeSo integriert werden und musste in der eigenen Datenbank weiterbestehen. Aus Zeitgründen konnte dieses Problem nicht weiter verfolgt und behoben werden.

Abbildung 29: Darstellung von ISeeSo.de in IE, Chrome und Opera

Eines der Probleme bei dem genutzten VServer von 1&1 ist, dass es ein Limit von 96 Prozessen und Kernel –Threads (Parameter numproc im Virtuozzo Power Panel) gibt. Nach einem Neustart des VServers sind schon 57 belegt und nach kurzer Nutzungszeit des ISeeSo-Prototypen blockiert der VServer, da das Hart Limit von 96 Prozessen erreicht ist (siehe Abbildung 30). Dieses verursacht der Apache-Webserver der immer mehr Prozesse erzeugt, diese aber nicht mehr beendet. Änderungen an den erforderlichen Parametern KeepAlive, MaxKeepAliveRequests und KeepAliveTimeout (wie z.B. KeepAlive Off) in der apache2.conf verursachten Fehler in anderen Anwendungen. Einer dieser Fehler war das PHPmyAdmin keine Prozesse mehr erstellen. Dieses Problem blieb selbst nach dem zurücksetzen der apache2.conf bestehen und liess sich nur durch ein Backup beheben. Eine Internet Recherche ergab, dass die geringen Ressourcen (insbesondere die Anzahl der Prozesse) die kleinen VServern von Providern zu Verfügung gestellt werden, für den Apache-Webserver mit eingeschalteter KeepAlive-Funktionalität problematisch ist, da die Prozesse nicht schnell genug oder gar nicht geschlossen werden. Aus diesem Grund ist der Apache2-Server auf dem 1&1-VServer deaktiviert und der ISeeSo-Prototyp kann nur über den Tomcat-Server genutzt werden. Hierzu steht der Prototyp unter

https://www.iseeso.de:8444/iseeso/ verschlüsselt (unverschlüsselt auf Port 8080) zu Verfügung. Für einen regulären Betrieb ist aber die Nutzung des Apache-Servers empfohlen, da
auf eine Eingabe der Ports in der URL dann verzichtet werden kann.

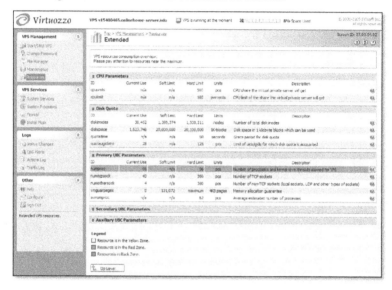

Abbildung 30: 1&1 VServer nach kurzer Laufzeit mit maximal erreichten Prozessen

Ein weiteres Problem des VServers ist, das die Prozesse des CronJob runIseeso.sh,
welcher die Programme runIseeso.py start und iseeso.py ausführt, nach einiger
Zeit beendet werden. Aus diesem Grunde wird als Workaround runIseeso.sh stündlich ausgeführt und die Sleep-Zeit in iseeso.py auf 120 Sekunden herauf gesetzt. Diese Lösung kann
nur temporär sein, denn die Anzahl der laufenden Prozesse wird so unnötig erhöht.

Im Rückblick auf die Entwicklungsphase, war die größte Hürde der VServer von 1&1. Zum
einen hat man keine volle Kontrolle über den Server und die Control-Tools zeigen nicht alles
an. Das beste Beispiel hierfür ist die Anzahl der Prozesse. Unter dem Parameter *numproc*
werden z.B. 66 von 96 Prozessen angezeigt, aber in der Prozessliste sind nur 16 Prozesse
aufgeführt. Aus diesem Grund ist es empfehlenswert für zukünftige Projekte keinen VServer
mehr anzumieten, sondern eher einen alten Computer als Server zu nutzen, der ins Internet
eingebunden wird (z.B. mit dynDNS[50]).

---

[50] http://www.dyndns.com/

7 Stand des Projekts und Ausblick

Der Prototyp wurde in einem einfachen Design entwickelt, welches an das erstellte Logo angepasst ist, und auf dem VServer installiert. Auf dem Server sind alle benötigten Dienste installiert und konfiguriert, so dass der Prototyp mit einer geringen Anzahl an Kameras und Nutzern getestet werden kann.

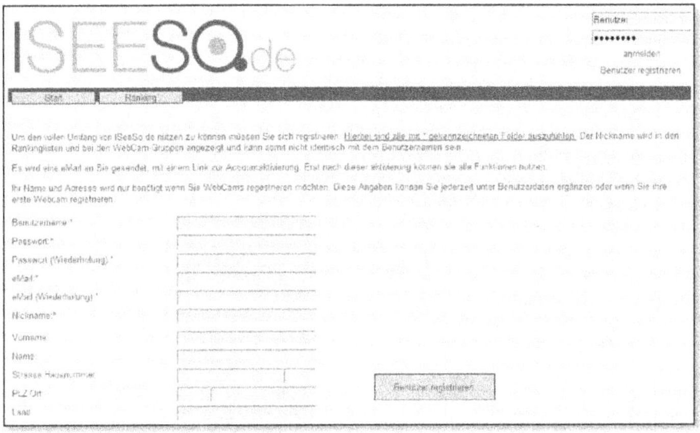

Abbildung 31: ISeeSo Registrieren eines neuen Benutzers

Hierzu muss ein Benutzer registriert (siehe Abbildung 31) werden, dieser Benutzer ist nach dem Benutzerkonzept Viewer und sobald er mindestens eine WebCam registriert, hat auch Provider. Nach dem der neue Benutzer verifiziert ist, stehen dem Benutzer alle Funktionen zu Verfügung. Nicht registrierte und angemeldete Benutzer sehen nur die Startseite und das Ranking. Wenn sich der Benutzer angemeldet hat, kann er WebCams anlegen und diese dann modifizieren und die Benutzergruppe der Kamera bearbeiten (siehe Abbildung 32). Der Benutzer kann seine Daten ändern, mit Außnahme von Benutzer- und Nickname. Auch kann er Freunden eine eMail mit seiner AustauschID zusenden, so dass diese ihn zu der Benutzergruppe einer WebCam hinzufügen können. Mit dem Menüpunkte *WebCams* kann ein angemeldeter Benutzer sich seine groupCams oder eine openCam anzeigen lassen.

Sollte das Projekt weiterverfolgt werden, müssten in einem der nächsten Schritte die Bilder so verändert werden, dass eine einzelne Person nicht mehr identifiziert werden kann (zumindest für die openCams). Ohne diese Funktion wird es schwer, die Datenschutzauflagen zu erfüllen und nicht ein ähnliches Fiasko zu erleben wie die Betreiber von Internet Eyes, deren Dienst von der britischen Datenschutzbehörde gestoppt wurde. Ein weiterer Schritt wäre es, den VServer durch einen leistungsstärkeren Server zu ersetzen und die Workarounds (wie z.B. Apache2-Webserver abgeschaltet) zu beheben.

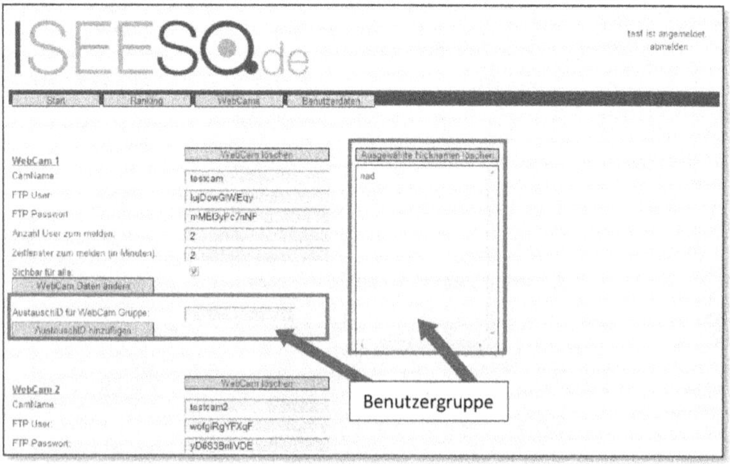

Abbildung 32: ISeeSo Anzeigen von dem Provider zugehörigen WebCams

Mögliche zukünftige Erweiterungen oder Aufgaben für ISeeso sind:

- Implementierung eines Belohnungssystems für gemeldete Vorfälle und/oder Fake-bilder

- Entwicklung eines Dienstes, der modernen Internethandys die Möglichkeit zum Up-load von Bildern bei ISeeSo gibt. Hierzu müsste der Nutzer eine WebCam anlegen und der neue Dienst die Bilder in das Verzeichnis des Ftp-Benutzers laden, so dass sie in der weiteren Verarbeitung mit berücksichtigt werden.

- Eine Funktion mit der Provider die Bilder ihrer reportCams betrachten können.

- Weitere Möglichkeiten implementieren, wie der Provider informiert werden kann, wenn ein Vorfall gemeldet wird. (z.B. Pager)

- Anpassung der Oberfläche für Mobile Computing Devices oder Entwicklung eines Applets.

- Einbinden der Polizei bzw. anderer Behörden durch z.B. Zugriff auf alle reportCams.

- Implementierung von Kategorien für WebCams (z.B. Wohnung, Hinterhof) oder mehrere Vorfallmeldung (z.B. mehrere Buzzer mit Unterteilung in Diebstahl, Sach-beschädigung, ärztlicher Notfall, etc.)

- Automatisches Nachladen neuer Bilder

- WEB 2.0 Funktionalitäten implementieren wie z.B. kommentieren einzelner WebCams.

- Erstellen eines Businessplans und Marketingkonzepts um das wirtschaftliche Potenzial abschätzen zu können.

8 Fazit

Laut einem Bericht im Handelsblatt [21] wird der Markt für Videoüberwachung auf 30 Milliarden Dollar Umsatz im Jahr 2015 steigen, von 15 Milliarden die es 2008 waren. Dies lässt das wirtschaftliche Potential erkennen, das ISeeSo in der Zukunft haben könnte, wenn die Datenschutzaspekte geklärt sind. In dem Artikel wird auch *Internet Eyes* angeprangert, jedoch nicht wegen der datenschutzrechtlichen Problematik, sondern wegen der fehlenden Profitorientierung. Hieran lässt sich erkennen, dass bei zu erwartenden großen Profiten der Datenschutz für die beteiligten Firmen von geringerem Interesse ist.

Ein weiterer zukünftiger Aspekt der Videoüberwachung ist das Mobile Computing, das durch die neue Handygeneration (IPhone, Android) immer weitere Verbreitung findet. Somit sollten künftige Weiterentwicklungen von ISeeSo die Bedürfnisse der mobilen Clients berücksichtigen, um den Ansprüchen dieser Benutzergruppe zu genügen. Die wirtschaftlichen Wachstumsmärkte der Zukunft liegen in den mobilen Bereichen der Kommunikations- und Informationstechnologie und dürfen keinesfalls ungenutzt bleiben.

Dagegen zeigt das Beispiel Google Street View, dass bei den Bürgern die Datenschutzaspekte in den Vordergrund rücken. Auf der einen Seite achten die Bürger mehr auf Datenschutz, besonders nach großen Datenschutzskandalen wie z.B. bei der Telekom. Auf der anderen Seite veröffentlichen sie ihre Daten sehr freizügig selbst im Internet. Dieses ambivalente Verhalten der Bürger wird sich in zukünftigen Änderungen des Datenschutzgesetzes bemerkbar machen und hat somit einen Einfluss auf die Weiterentwicklung von ISeeSo.

Literaturverzeichnis

1. **Leitner, Nino.** Videoüberwachung in Großbritannien - Sinn und Unsinn von CCTV. Wien: s.n., 2006. Diplomarbeit.

2. **Daily Mail Reporter.** Internet game that awards points for people spotting real crimes on CCTV is branded 'snooper's paradise'. Mail Online. [Online] 05. 10 2009. [Zitat vom: 30.07.2010.] http://www.dailymail.co.uk/news/article-1218225/Internet-game-awards-points-people-spotting-crimes-CCTV-cameras-branded-snoopers-paradise.html.

3. Internet Eyes. [Online] [Zitat vom: 30.08.2010.] http://interneteyes.co.uk/.

4. **Pluta, Werner.** Britische Datenschützer prüfen Internet Eyes. golem.de. [Online] 29. 01 2010. [Zitat vom: 30.07.2010.] http://www.golem.de/1001/72761.html.

5. **Garstka, Hansjürgen.** Informationelle Selbstbestimmung und Datenschutz. Das Recht auf Privatsphäre. [Hrsg.] Christiane Schulzki-Haddouti. Bürgerrechte im Netz. o.A.: Vs Verlag, 2003, S. 48ff.

6. **Weichert, Thilo.** Private Videoüberwachung und Datenschutzrecht. Unabhängiges Landeszentrum für Datenschutz Schleswig-Holstein. [Online] [Zitat vom: 21.07.2010.] https://www.datenschutzzentrum.de/video/videpriv.htm.

7. ueberwachungsschild. Universität Marburg. [Online] [Zitat vom: 21.07.2010.] http://www.uni-marburg.de/hrz/pc/pcsaele/ueberwachungsschild.

8. **Wohlfeil, Stefan.** Sicherheit im Internet I. Hagen: FernUniversität Hagen, 2005. S. 14-18. Bd. 1.

9. IT-Grundschutz. Bundesamt für Sicherheit in der Informationstechnik. [Online] [Zitat vom: 22.07.2010.] https://www.bsi.bund.de/cln_174/DE/Themen/ITGrundschutz/StartseiteITGrundschutz/startseiteitgrundschutz_node.html.

10. **Swoboda, Joachim, Spitz, Stephan und Pramateftakis, Michael.** Kryptographie und II-Sicherheit: Grundlagen und Anwendungen - eine Einführung. Wiesbaden: Vieweg+Teubner, 2008.

11. **Balzert, Heide.** Webdesign & Web-Ergonomie. Dortmund: W3L, 2004.

12. **Hammer, Norbert.** Mediendesign für Studium und Beruf: Grundlagenwissen und Entwurfssystematik in Layout, Typografie und Farbgestaltung. Berlin: Springer, 2008.

13. **Brocks, Holger, Steinmetz, Arnd und Hemmje, Matthias L.** Kurs 01875: Multimediainformationssysteme I - Kurseinheit 2: Bildformate und Videoformate. Fakultät für Mathematik und Informatik. Hagen: FernUniversität in Hagen, 2009.

14. **Kersken, Sascha.** Praxiswissen Flash CS4 4. Auflage. Köln: O'Reilly, 2009. S. 4-12.

15. Browser Version Market Share. NetMarketshare. [Online] Net Applications, 2010. 07 24. [Zitat vom: 24.07.2010] http://marketshare.hitslink.com/browser-market-share.aspx?qprid=2&qptimeframe=Q#.

16. **Crane, Dave, Pascarello, Eric und James, Darren.** Ajax in action - das Entwicklerbuch für das Web 2.0. München: Addison-Wesley, 2006.

17. **Olbrich, Alfred.** Netze - Protokolle - Spezifikationen: die Grundlagen für die erfolgreiche Praxis. Braunschweig/Wiesbaden: Vieweg+Teubner Verlag, 2003. S. 6-9.

18. **Timme, Falko.** Virtual Hosting With vsftpd And MySQL On Debian Etch. howtoforge. [Online] 2007. [Zitat vom: 29.07.2010.] http://www.howtoforge.com/vsftpd_mysql_debian_etch.

19. **Widhalm, Thomas.** vsftpd mit SSL Verschluesselung. Blog widhalm.or.at. [Online] 19. 09 2006. [Zitat vom: 29. 07 2010.] http://www.widhalm.or.at/node/122.

20. **Louis, Dirk und Müller, Peter.** Das Java 6 Codebook. München: Addison-Wesley Verlag, 2007.

21. **Iwersen, Sönke.** Wer mit der Angst der Menschen Profit macht [Online] 23.07.2010 [Zitat vom: 30.08 .010.] http://www.handelsblatt.com/unternehmen/industrie/die-suche-nach-sicherheit-wer-mit-der-angst-der-menschen-profit-macht;2620538.